养育男孩

（实践版）

［韩］崔旼俊　著
吴　阳　译

中信出版集团 · 北京

图书在版编目（CIP）数据

养育男孩：实践版 /（韩）崔旼俊著；吴阳译. --
北京：中信出版社，2018.3
ISBN 978-7-5086-8385-0

I. ①养… II. ①崔… ②吴… III. ①男性－儿童教育－家庭教育 IV. ①G782

中国版本图书馆CIP数据核字（2017）第288764号

养育男孩（实践版）

著　　者：[韩] 崔旼俊
译　　者：吴　阳
出版发行：中信出版集团股份有限公司
（北京市朝阳区惠新东街甲4号富盛大厦2座　邮编　100029）
承 印 者：北京诚信伟业印刷有限公司

开　　本：880mm×1230mm　1/32　　印　　张：7　　字　　数：130千字
版　　次：2018年3月第1版　　印　　次：2018年3月第1次印刷
广告经营许可证：京朝工商广字第8087号
书　　号：ISBN 978-7-5086-8385-0
定　　价：42.00元

目录

序　养育男孩，要用不同的教育方法　// 5

第一章
男孩的妈妈们聚在一起聊什么

快被儿子闹得少活几年了　// 003
需要理解男孩的人不仅仅是他们的妈妈　// 007
妈妈有寻找儿子不足之处的本能　// 011
爸爸与儿子有天然的共鸣　// 016
好奇孩子脑袋里在想什么　// 020
盼望儿子成长为一个好男人　// 024

第二章 我的儿子究竟为什么会这样

想严厉地说“这么做不行” // 033

如何树立父母的权威感 // 039

孩子抓着手机不放 // 042

把妈妈的话当成耳旁风 // 047

做错事却觉得很委屈 // 052

培养孩子的语言感知力 // 056

画画只用黑白两色 // 061

孩子太内向了/注意力不集中 // 065

有暴力倾向 // 068

只对攻击性游戏感兴趣 // 072

对第一名过于执着 // 076

害怕失败而不愿尝试新事物 // 079

拒绝与妈妈对话 // 083

总问我爱不爱他 // 087

孩子总是单方面挨打 // 091

第三章
怎样才能和儿子好好交流

接受孩子的本来面貌 // 097

教他适合自己的表达方法 // 101

妈妈需要确立自己的教育哲学 // 106

尽信书，则不如无书 // 111

慎用表扬贴纸 // 114

执着的孩子探索能力强 // 117

盲目表扬的弊端 // 123

夸奖也有窍门 // 127

希望孩子英语好 // 131

给孩子“我能行”的自信 // 138

培养孩子读书的习惯 // 141

孩子是怎么学会说脏话的 // 145

纠正孩子说脏话的习惯 // 149

对孩子也要信守承诺 // 153

孩子有时候耍牛脾气 // 156

第四章 新手妈妈和儿子一起成长

放下“教”的心态 // 163

放手让爸爸与儿子相处 // 168

如何应对孩子的失败 // 172

每个孩子都有自己的底色 // 175

帮儿子找到自己真正的梦想 // 178

对孩子寄予期望好不好 // 183

儿子得了抽动障碍，妈妈该怎么做 // 186

大人的评价对孩子有巨大影响 // 190

来自邻居妈妈的信息使人忐忑不安 // 194

遇到资深教师就会变得自责 // 198

世上没有完美的父母 // 202

相信孩子是我们的责任 // 205

育儿手册不是万能的 // 208

后记 给快被儿子逼疯的妈妈们 // 211

序

养育男孩，要用不同的教育方法

从我宣布要做“男孩美术教育”到现在，已经过去七个年头了，其间发生了很多事情。我在从事“男孩美术教育”这一独特领域内的工作时，将我遇到的这些事写进了讲义里。仅仅通过网络课程，我就结识了近两万名妈妈。

在经营成长男孩美术研究所的过程中，我们所追求的不是改变孩子，而是发掘孩子的天性，并寻找与之相适应的教育方法。通过与一千多名男孩的接触，了解分析他们的性格倾向，并在课程中对他们进行仔细观察，我找到了自己想要做的事：寻找并归纳一种有别于现有的、在大学课堂中讲授的教育方法，这个方法可以用有现场感的方式有效地引导男孩投入地做事。本书正是着笔于此。

但是，在尝试给引导男孩的方法做总结的过程中，我发现试图找到完美答案这一举动本身就是没有意义的。因为我认识到，一千个孩子就有一千种性格倾向。我越是试图寻找明确的答案，就越感觉自己是在生硬地界定孩子，并且每天都遭遇数次挫折。我以为，也许很多男孩的妈妈在育儿过程中感受到的不安与遇到的难处，正是源于这种无法预测。

我和成长男孩美术研究所的其他成员一起努力了七个年头才找到答案。这个答案就在“教育者注视孩子的态度”中。

面对同一个孩子，有的教育者会感到挫败，有的教育者会发现希望的丝带。如果这本书的某位读者正想着要改变孩子，那他将可能遭遇这样的困境：昨天成功应用在别的孩子身上的方法在自己的孩子身上却不奏效。因为孩子就是这样一种存在，他们很敏感，仅仅因为早上发生的一件小事或某种微妙的变化，很多东西就不一样了。

昨天记录的成功的方法，今天被再次使用时就导致了失败，这种难以理解的状况没准儿会反反复复发生无数次。也许，这是因为孩子是最接近自然本真的小生命。无论是什么品种的花，我们都希望它开出玫瑰来——大人的这种贪念随时都会给孩子带来挫折感和被剥夺感。

直到现在，我还能听到某些家长叫嚷着：“我的教育方法是正确的，是孩子做错了！”每当那时，我都禁不住深感遗憾。当然，对于孩子的世界，我们很难一下子理解到位。而将一切错误都一股脑儿地归咎于妈妈，我认为这种态度也是不对的。教育理论之所以存在，不过是为了有效地诠释生命而已。看到孩子的某种性格倾向有别于大多数人，于是就称其为不正常，这是不对的。基于此种思路，对于那些被加在略显特别的孩子身上的“某某障碍”的名称，我有了新的思考。我想，是不是大人们在以自己的标尺衡量一些东西，然后将我们无法理解的都归结为孩子的问题？

朝鲜白头翁（花名）就应该被按照朝鲜白头翁的方式培育，南瓜花就应该被按照南瓜花的方式培育。我劝那些希望“不管是什么样的孩子，遇见我之后都能变得优秀”的读者，静静地合上本书。因为我认为世上不存在那样的方法，教育者也不应该夸下那样的海口。这就是我和成长男孩美术研究所的其他成员所追求的男孩教育的方向。

讽刺的是，当我们并没有期待孩子发生什么改变，而只是全神贯注地观察他们时，孩子反而逐渐展现出了自己本来的面貌，并开始与大人进行交流。希望帮助孩子以自己天生的、本来的样子绽放——正是怀着这样的想法，成长男孩美术研究所的教师们才不会感到挫败和彷徨。

本书正是对这类经验所做的整理和记录。直到现在，还有很多男孩的妈妈会在成长男孩美术研究所的网上社区留言板里提问：“孩子小的时候，妈妈该怎么做？”每当此时，我也想简单明了地给出答案。然而，相比明确的答语，我更愿意在本书中和大家分享我们拆解问题的方式。这是许许多多的男孩和他们的妈妈，以及研究所的老师在一起做了很长时间的分享后的共同领悟。

我理解家长们盼望正确引导孩子的迫切心情。本书中包含了用于理解男孩性格倾向的知识，它告诉读者如何拥有解读孩子难言之隐的慧眼，以及很多能够帮助家长和孩子共同成长的实用技巧。我尤其希望，读了本书的妈妈们在看了书中记录的小故事后能够从当下苦恼的问题中解脱出来。

感谢生活出版社和在本书出版前与我一起费尽思量的编辑。感谢一直信任爱护成长男孩美术研究所，并欣然同意将自己的故事收入本书的妈妈们。感谢与我一起努力做研究的各分所的专家，感谢向世界发出我们的呼声的研究所的所有成员。“对男孩要有不同的教育方法”，我将一直竭尽全力，直到我们的呼声成为整个社会认同的常识。

崔昡俊
2016 年夏
于成长男孩美术研究所

第一章

男孩的妈妈们聚在一起聊什么

快被儿子闹得少活几年了

了解儿子的过程与将男朋友变成老公的过程完全不同。对后者来说，从相遇到组成家庭，男女双方都要付出不懈的努力。但是解决儿子和妈妈之间的问题似乎仅仅是妈妈单方面的责任。这使人很忐忑。

“我真的快要被儿了搞疯了！”

“老师，有了儿子，我简直要少活几年了。”

男孩的妈妈大多会这样诉苦。于是，我忽然好奇起来：儿子真的会对妈妈的寿命产生影响吗？

我找到的答案是：是的。芬兰图尔库大学的研究团队针对17~20世纪的11 166位女性和6 360位男性做了一项人口统计学资料分析。结果表明，生男孩的妈妈比生女孩的妈妈寿命短，并且“妈妈生的儿子越多，寿命就越短”。

这真令人吃惊。很多妈妈抱怨“快被儿子闹得少活几年了”，这并不单纯是某种感情的表达，也是寿命真的在缩短的感受。与之相反，不管生了几个女儿，这都不会对妈妈的寿命产生任何影响。这也证明了“家里得有个女儿”这句话不是凭空而来的。

在从事“男孩美术教育”工作的过程中，我每天都要为好几位男孩的妈妈做咨询。同样是养孩子，女儿和儿子难道不是同样累人吗？为什么养儿子的妈妈的火气会更大？不懂男孩的妈妈的心情的人可能会说：“不管生的是儿子还是女儿，妈妈养孩子都不容易。怎么能区别对待呢？”然而事实却是，妈妈的一些痛苦是绝不会因女儿而产生的，只有儿子才能带来。所以，养儿子的妈妈们只通过眼神就能心领神会，彼此理解。

也许是因为与儿子天性相似，所以爸爸不太会因儿子身上发生的重大事件而感到有特别大的压力。

但是，妈妈的的确确会因儿子的一些问题而产生压力。这或许也正是妈妈寿命缩短的原因。当理解不了儿子时，妈妈会感到有压力。妈妈理解不了儿子，儿子的行为又不尽如妈妈所愿。考虑到这种压力的特性（“妈妈无论如何也无法理解儿子的一些行为时会产生憋闷和抑郁”），男孩的妈妈的寿命会变短这一研究结果就合情合理了。

当猜不出“儿子究竟为什么总是做些没用的事”“儿子做这些事是出于什么心理”的时候，妈妈就会迷失方向。

假设孩子在花坛里挖蚂蚁洞，妈妈会烦恼："该批评，还是不该批评？如果批评，该以什么理由批评呢？"如果妈妈曾经也在花坛里挖过蚂蚁洞，哪怕只有一次，情况也许就不同了。可是妈妈是个小时候从来没有挖过蚂蚁洞的女孩子，所以她很难理解儿子的行为。

蚂蚁洞的故事只是个例子。在养育儿子的过程中，妈妈的脑海里经常会浮现出"一定是哪里出问题了！"这样的警告信息。但是，有时妈妈难以清晰表述究竟发生了什么问题，而这种情况每时每刻都可能出现。

于是，凝视着孩子熟睡的小脸，妈妈不禁会产生这样的想法：

"也许问题不在孩子，而在于我无法理解孩子。再这样下去，作为妈妈，我会不会毁了孩子？是不是因为我自身的不足，我正在把孩子往错误的方向上领？"

忧虑与日俱增。妈妈无法从孩子身上找到特别的原因，只好归咎于自己。尤其越是新手妈妈，就越容易反反复复地自责焦躁，感到心痛。这种情况很普遍，因为从常识和逻辑方面来讲，这种处理方法能让妈妈更容易接受现实状况。

理解儿子的过程与把男朋友变成丈夫的过程截然不同。当男女邂逅时，他们会因彼此的不同而发生冲突，但也会进行沟通，最终互相理解。整个过程皆因双方共同的努力而得以成为可能。但是，拉近儿子与妈妈之间的距离，仅仅是妈妈一个人打算实现的目标，这使妈妈更感疲惫。

男孩的妈妈刚刚迎接了一个与女孩完全不同的存在，对于儿子的一切都感到好奇，迫切希望能有针对男孩的好的育儿方法。

现在，为了减轻妈妈因理解不了儿子而产生的压力，使妈妈保持身心健康，让我们一起踏上理解儿子的旅程吧。

妈妈秘诀

男孩的妈妈会因为理解不了儿子而产生压力。

但是，请记住，并不是所有问题都源自妈妈的不足。生而为女孩，长成为女人，第一次面对儿子这种存在，在养育男孩的问题上走些弯路、犯些错误，这都是可以理解的。

对于儿子的行为，不要急于去理解，可以试着一点一点去包容。

需要理解男孩的人不仅仅是他们的妈妈

老师和养女儿的妈妈都应该知道，与能更早听懂大人的话并聪明应对的女孩相比，男孩与她们存在很大不同。

“我很怕把孩子放到女孩子多的团体里。我会很担心，还会伤心！”在某次我和男孩的妈妈们的早餐聚会上，民在的妈妈倾诉道。在男孩的妈妈的生活中，琐事真是层出不穷。民在的妈妈讲了一个民在去参加树林体验时发生的故事。

三个女孩和一个男孩被编成了一个小组。小女孩们聚在一起玩得很好，只有民在一个男孩。不知道是不是感到孤单的缘故，他捡起树枝和其他组的小男孩“舞刀弄枪”起来。

“老师，你看民在呀！”

“老师，他们打架，还欺负我们！”

民在和其他组的小朋友玩着玩着觉得没意思了，就用手里的树枝偷偷地捅同组的小女孩，还冲着草丛比画。小女孩们向带队的老师告民在的状，直到民在把手里的树枝放下。最后，民在觉得很丢脸，自己离组了。

看着这些男孩的妈妈在早餐聚会上就“女孩子多的环境下，男孩多么像个傻瓜”的主题大谈特谈，我感到很惋惜。女孩子多的时候，男孩难免气势弱些。其实反过来也一样，只不过男孩的反应更明显。

如果男孩被女孩们压制住了，男孩的妈妈也会跟着有被孤立的感觉——自己的儿子在日常生活中都没有什么问题，可是自己却因为儿子具有男孩特有的性格倾向就要听老师或女孩的妈妈的抱怨。这时，男孩的妈妈好像变成了罪人一样，畏首畏尾的。虽然能理解女孩的妈妈的立场，但是，她们还是群情激奋，一致认为这样的教学分组方式（将一个男孩和多个女孩编成一个小组）不合理，应该变一变。

有个妈妈说，女孩的妈妈也应该知晓男孩的某些特点。其他男孩的妈妈对这个观点表示赞同。还有人提议，公立学校的老师不应该将男孩区别对待，认为男孩是调皮的、应该严格管束的对象，而应该柔和一些，将男孩当作需要被了解的对象。我不禁想，看来需要理解男孩的人不仅仅是他们的妈妈而已。

“妈妈，你看旼俊呀。”

“老师，承浩总打我！”

男孩的妈妈们一听到这样的话，心里就会咯噔一下，甚至于，虽然经常听，却还是每次都心惊。而这种还只是平常的情况。

即便被排挤出小团体之类的小插曲只是发生在某个家庭的特殊案例，也仍然让在座所有的男孩的妈妈都感同身受。她们能感觉到，儿子在公立教育机构的校园生活中存在微妙的被剥夺感和挫折感。在更懂事的、能够更有条理地表达情感的女孩们中间，男孩会稍显弱势。虽然妈妈们无法将这样的事实诉之于口，但她们能清晰地感受到。

大家都这么认为：在幼儿园中，做小组作业时捣乱、妨碍其他人学习的孩子肯定是男孩。但从没有人做过调查，说说男孩们到底有什么潜在的问题。而男孩的妈妈们却实实在在地亲身感受着别人投射过来的特殊目光。

无论是幼儿园老师还是小学老师，抑或是课外班老师，他们都不能明确地指出男孩究竟存在什么问题，却理所当然地认为：男孩从幼儿时期到青少年时期都是在课堂上捣乱并且有可能欺负其他小朋友的存在。这是为什么呢？

“您的儿子在幼儿园里总是欺负别的小朋友，让大家没法集中注意力。”每次听到这种话，妈妈们都特别不好意思。是谁把男孩的妈妈们变成了“罪人”？男孩真的总会闯祸吗？

我认为问题在于很多人一方面对于男孩不太了解，一方面却又带有“男孩很淘气”这种偏见。

老师和女孩的父母都应该知道，与能更早听懂大人的话并聪明应对的女孩相比，男孩的发育速度是不同的。因此我想，等到人们开始思考如何使男孩和女孩这两种“完全不同的生物学存在”在同一空间里获得平等的教育并成长起来时，男孩的妈妈在幼儿园或学校里总被人抱怨的事情也将随之减少。

出生即为父母的女儿，作为女孩长大成人的女性，早晚有一天要与生而为男子，作为男孩长大成人的男性相爱。与男性组成家庭后，这个女儿也许会成为一个男孩的妈妈。理解了儿子这种存在，对于理解所爱之人，理解父亲，以及理解全家都是大有裨益的。所以我相信，如果了解了儿子是怎么想、怎么做的，更广范围的家庭成员之间的沟通也将成为可能。

妈妈秘诀

身处更懂事的、能够更有条理地表达情感和阐述事件的女孩们中间时，男孩会稍显弱势。男孩的某些特点是女孩的妈妈也需要了解的，这种互相理解的社会氛围很重要。

妈妈有寻找儿子不足之处的本能

我认为，通过观察孩子自主性的强度、希望得到认可的强烈程度和共情能力的高低等来判断孩子的性格倾向是好是坏，这种做法是错误的。

长久以来，我一直只针对男孩的父母做咨询，于是对男孩的妈妈的特点有了一定的了解。大部分第一次来做咨询的男孩的妈妈都带着半是戒备半是紧张的眼神坐在那里。她们很怕听到儿子有什么新问题是身为妈妈的自己还没来得及知晓，却已经被老师知道的。此时，如果我以平和的、一切正常的态度告诉她们孩子今天在教室里的表现，就能从她们脸上看到终于放下心来的表情。她们这时才能真正笑着放松心情。

“老师，我儿子是那种散漫的孩子吗？”

“老师，我儿子和别的小孩不太一样，有点儿女性化，有没有关系呀？”

我一天大约要接待三位来咨询的男孩的妈妈，常常是第一位妈妈觉得自己的孩子太散漫了，因而有点儿担心，而第二位妈妈因为孩子太文静而担心。同时抚养几个男孩的妈妈会比较担心与其他几个孩子相比较弱的那个。每个妈妈都有感知子女危险、寻找子女不足之处的本能。时间长了，孩子的优点慢慢像生活中其他日常的东西一样被熟悉进而被忽视，只剩缺点总在妈妈眼前晃悠。不知是不是神的恶作剧，妈妈被设计成了这样的模式。

“这位妈妈，怎么还没给孩子弄这个呀？”

“这位妈妈，现在这样不行了。落后也就是一瞬间的事。”

刺激性的言语会影响妈妈们。妈妈们一面抗拒这样的言语，一面又被其影响。这些挑起不安的言语挑开了妈妈们的钱包，召唤着信用卡。我们目睹了许多私立教育机构和咨询顾问是如何利用这种不安的。更应该使人害怕和担心的是，妈妈们明知这只是商家的手段，却彻底败给了“他因为妈妈的原因没能成长起来”这句话，因而无法抵抗。

有一次我做咨询时说：“升炫妈妈，今天上第一堂课的时候我观察了一下升炫。可以看出来，升炫的自主性比一般的孩子要强一些，这是升炫的优势。他在家的时候是不是常常不喜欢被妈妈干涉？如果想更好地利用这种优势，可以……”

“老师，您为什么只对我说好听的？您这样只说肯定的方面，我没有办法相信您。您还是直说吧。”

我只是根据孩子的行为推测孩子的性格倾向，从将其视为优势的视角表达我的看法而已。可是，孩子妈妈的眼神却充满了不安，她想确认我是不是为了表扬孩子而勉强编些好话。这不仅仅是升炫的妈妈一个人的反应，我也不是想说这样的反应是不对的。这是大部分为儿子操碎了心的妈妈的特征之一——既想寻找希望，又做好了受伤的准备，妈妈的心情就是这么忐忑不安。

每次我都会这样解释：孩子自主性的强度、希望得到认可的强烈程度、共情能力的高低等，这些状态都只是老师在课堂上观察到的孩子的性格倾向而已，没有什么特别的，我们不能简单地称其为孩子的优点或缺点。如果妈妈不去思考如何引导孩子的性格倾向朝着积极的方向发展，那么性格倾向就只是客观的存在而已。但是，不安的妈妈却像非要揭开疮痂一样，寻找着不稳定和负面的因素。

所以，在成长男孩美术研究所里，大多数男孩的妈妈的首次咨询都偏重于倾诉忧虑。因为在那时，对于她们来说，这是最需要的。倾诉可以使她们放下忧虑，是在什么都尚未开始的状态下，针对男孩的妈妈总是进行负面思考的态度所开的处方。

有些男孩的妈妈即使只是听到老师提到了孩子的名字，都会流泪。因为她们太爱孩子了。这种心情不是谁都能有的，所以更显可钦可敬。即便不是什么大不了的事，她们还是一边不自觉地流着泪，一边努力想要笑，可是当压抑已久的眼泪迸发出来，却也不容易抑制住。我理解这种心情。因为哪怕是对于孩子应当经受的适当的磨炼，妈妈也会感到害怕，感到心里酸酸的，唯恐孩子会受伤。

在做咨询的过程中，我意识到，对于这类妈妈，复杂而大量的知识不是必需的。

即使是孩子客观存在的性格倾向，妈妈们也会将其当成孩子的缺点来分析——本能地寻找儿子不足的地方。所以，很多男孩想在妈妈面前表现得很好，他们最希望得到妈妈的认可，而妈妈却总是只关注他们的缺点，这就会让这类男孩感到有压力。很多优点和缺点并不是绝对的，而是可以根据妈妈视角的不同互相转换的。

对于彷徨的妈妈来说，正确解析孩子的性格倾向是很必要的。育儿方式则是其后才需要确定的问题。

从和许多男孩接触的经验中，我感觉到一点，那就是对于孩子来说，他们所需要的并不是更有意思、更新颖的教育环境。对于他们来说，最重要的是妈妈的心，是妈妈确信自己的育儿方式是正确的。妈妈对自身的认可，也是对孩子的认可，这才是最重要的。这种认可始于对孩子性格倾向的剖析。

妈妈秘诀

妈妈们，请思考如何引导孩子的性格倾向朝着积极的方向发展吧。

爸爸与儿子有天然的共鸣

丈夫好像对育儿方面的问题都漠不关心，可是，为什么他和儿子看起来还那么亲近呢？

你有没有问过丈夫关于育儿的问题呢？如果妈妈向爸爸寻求意见，大部分爸爸似乎都认为没有什么问题。当妈妈问“咱们儿子是不是太散漫了”时，得到的回答可能是“孩子们本来就是有点儿散漫的”。妈妈们认为，这就是个例子，可以证明爸爸们的漫不经心。直到现在我们还认为丈夫对孩子的教育是漠不关心的。但事实上，如果和爸爸们做过交谈，我们就会发现，更多的时候，这不是漠不关心，而是出于他们的真心。

这话何解？当儿子散漫地玩耍，无法在某件事上集中注意力时，爸爸往往会本能地对那样的状态产生共鸣。因为那也是他自己曾经经历过的状态，这使得他看着孩子玩耍的样子就会产生一种无法言喻的认同感。他们只不过是欠缺将此种心情描述给妻子的能力罢了。

妈妈和爸爸教育儿子的方式也是有差别的。儿子在做手工的时候突然问爸爸妈妈："这个该怎么做呢？"

对这个问题，爸爸和妈妈回答的方式略有不同。

"儿子，这样做的话就会变成这样。好了，看清楚了吗？这样……"一般情况下，儿子问了，妈妈就会尽可能亲切地回答。虽然不是每次都如此，可是就算在洗碗，妈妈也会脱下手套去为儿子做示范。身为妈妈的责任感使她们放下手头的事去回答孩子的问题。层出不穷的家务活、儿子的各种问题，全部都要解决。这可不是容易的事。即便如此，她们还是认为多教一遍，儿子就能做得更好一些，并为此做出最大努力。

问题是儿子往往问了却又不认真听回答。提了问题之后，只要妈妈回答的时间稍微长一点儿，他就会跑去做别的事，或者因妈妈教自己的行为而感受到压力。"知道了，别说了。"每当儿子突兀地截住妈妈的话，妈妈就会开始思考：问了又不听回答，他们心里到底是怎么想的？

当妈妈尝试了解男孩时，有一种性格倾向是必须要知道的，那就是自我主导型倾向。换个说法，也可以称之为掌控欲。男孩会有一种希望掌控自身所处环境的欲望。因此，也有研究结果表明，男孩对游戏的投入程度不如女孩。总而言之，很多时候，虽然妈妈已经尽力解答儿子的问题，结果却不甚理想。

那么，对于儿子的提问，爸爸们的反应是怎么样的呢？大部分爸爸会这样说："拿来看看吧。嗯，你做吧。怎么样？行了吧？"

爸爸在教授方法之前，会先给孩子自己亲身体验的机会。当然，不是所有的爸爸都这样，但大多数爸爸对儿子的失败不如妈妈那么敏感。因此，和儿子一起做游戏的时候，爸爸不但不会故意输给儿子，还可能会把儿子弄哭。对女性来说，对方与自己的关系越亲近，她们就越不会去与其竞争，甚至会为了友情而故意输掉。但男性则不然，彼此的关系越是亲近，竞争就越激烈，彼此就越想赢，这是男人的方式。儿子就是这样一种存在——在游乐园里会本能地跟着危险的哥哥们玩，即便因为中途被甩下而嘤嘤哭泣，也还是要再跟上去。

所以，成长男孩美术研究所有条规则——在这里工作的教师全都要是男性。虽然所里暂时也还是有女性教师的，但是能看出来，她们经常会因无法从本质上感受到男孩喜欢的游戏的乐趣而有些为难。她们有个共同点，那就是无法与男孩在他们喜欢玩的游戏中产生深刻的共鸣，因而无法从中感受到乐趣。

所以，我认为，一个 7 岁的男孩与一个 27 岁的男老师之间的共同点反而比他与同龄女孩之间的共同点更多。男孩将过去 6 年都没能向妈妈倾吐的故事倾诉给了第一次见面的 27 岁男老师，这种情况频繁发生。

比如，有时候在课堂上，老师们出乎意料地连孩子现在喜欢谁、最近一次告白是什么时候这种事都能探听得到。然而，妈妈多年来关注到的儿子的状态与老师在一个小时内解析出的孩子的样子完全不同，这种情况屡次出现。

孩子们会把关于自己的事都翻出来告诉老师：现在在学校里和谁的关系不太好，或是和别人打架的时候自己排第几，这都是妈妈很难获取的信息。

我们通过这些事找到与孩子性格相符的教育方式和游戏。

然而很遗憾，现在能够理解男孩的男性教师很少。在我们的社会中，男性教师实在应该更多一些。

妈妈秘诀

爸爸会本能地对儿子的行为产生共鸣。当儿子遇到问题时，爸爸会给儿子自己去经历的机会，而不是替他解决问题。父子间的共鸣就是这样形成的。这是妈妈应该理解的男性特征。

好奇孩子脑袋里在想什么

如果孩子紧闭心门，拒绝表达，那么任何教育都不会有效果。

“从我肚子里生出来的孩子，我却完全不知道他到底在想些什么。”

这不仅仅是男孩的妈妈的苦恼（女孩的妈妈也会有），但男孩的妈妈在这方面的怨言却尤其多。究其原因，一方面，男孩本身就比女孩话少，另一方面，男孩有着特有的自我主导型倾向——随着年级的升高，男孩更想自己解决问题，而不是向妈妈倾诉。我们无从得知他们是要证明自己不是“妈宝”，还是不想打破妈妈“儿子是最优秀的”的信念。但可以确定的是，男孩在苦恼和问题面前总是倾向于选择缄默不言。

我们教育孩子的时候也是一样的。当孩子只画公式化的图画给别人看而不再喜欢美术游戏时，孩子就变得无精打采，我们发掘孩子的发展潜力和引导他表达内心将变得很困难。如果孩子停止了表达，就像关上了心门一样，再好的教育信息他都接收不到。此时，行之有效的方法之一就是和孩子一起破坏图画。

即便只是卸下要在老师面前好好表现的负担，孩子也能重新获得表达的原动力。现在的孩子就是这样——总因为他人的目光而背上包袱。如果妈妈感觉到儿子在隐瞒什么，或者因为种种原因觉得倾听儿子内心的时机到了，请先按捺住板着脸孔将孩子按在椅子上谈话的想法——这种行为会使孩子感到有压力。在这里，我推荐你和孩子一起尝试破坏图画。

具体可以这样做：

首先，买来几张画纸，向儿子提议一起画画。有些孩子会很自然地和妈妈一起画画，有些孩子却磨磨蹭蹭不肯落下画笔。对于不肯画画的孩子，妈妈可以让他只画个圆圈。

接下来，轻声问儿子：“妈妈也在这上面画画，好不好？”然后妈妈可以在旁边画一个妖怪。假设这个妖怪正张着嘴喷火，在攻击儿子画的东西，儿子的反应会是怎样的呢？不同性格的孩子，反应也不尽相同。有的孩子会激动地攻击妖怪，有的孩子会将自身代入到自己的画中开始防御，还有的孩子会画一条河，想象从河中取水熄灭火焰——一般来说，这种小朋友的故事叙述能力比较强。

而激动地进行攻击的小朋友的竞争意识比较强。想着“我能画个比妈妈的妖怪还厉害的妖怪”，并且画出新妖怪的小朋友很渴望被认可。

到这里，孩子的故事才刚刚开始。在孩子的画旁边画妖怪，这也许是最不像美术教育的教育，却能让孩子的眼睛一下子亮起来。与妈妈在一旁画花朵，试图引导孩子也画花时相比，当妈妈在旁边画会喷火的妖怪时，儿子的反应会发生 180 度的转变。孩子会充满热情地讲故事，有些过于投入的孩子甚至还会在画画时流出唾液。孩子们产生这样的转变的原因是什么呢？不是我们所谓的美的教育，而是这种做法引发了孩子们的想象。

如此这般涂鸦，到最后画面可能会乱到很难辨认的程度。当然，它不是一幅漂亮的画。但是，看了儿子的表情妈妈就会明白画妖怪游戏的意义，而画面漂亮与否并不重要。

我们要通过涂鸦、破坏图画的行为向儿子传递一种信息——妈妈不会对你做评价，你可以尽情说更多你自己的事。儿子是一种把被认可看得比被爱更重要的存在。所以，他们总是被妈妈的评价左右，就连很散漫、看起来什么都不思考的孩子也时常苦恼地揣测妈妈对自己的评价是怎样的。如果妈妈表现出满意的样子，孩子就很高兴；如果妈妈表现得沮丧或流露出不满意的表情，孩子就会感到有压力。

做画妖怪游戏时，最开始看到儿子的反应，妈妈可能会惊讶地露出“这样也可以吗”的表情，但妈妈也会很快就沉浸到游戏中去。有意识地把儿子从“必须要做得好”这种强迫式的想法中解放出来，能够让孩子释放潜藏在内心深处的天性。画面是否具有攻击性或是否很丑，这都不重要，重要的是孩子能够表达真实的自己。到这时，妈妈再装作忽然想起什么似的尝试和孩子聊聊天，或许就能进行一次很顺畅的对话。

如果你觉得完全感知不到孩子的想法，不妨回想一下你与孩子沟通时的环境是否能让孩子完全敞开心扉。这样说，是因为我在咨询中遇见的孩子大多都是很想表现自己的。所谓能让孩子安心地敞开心扉的环境，是指在该环境中，孩子察觉不到“什么样的孩子是妈妈心日中理想的孩子”。

请记住，“妈妈希望你……做”这样的话说得越多，孩子就越在意妈妈的期待，也就越难以展现自己的本来面貌。有时，最亲近孩子的妈妈反而会成为孩子隐藏自己内心想法的原因。

妈妈秘诀

请让孩子从“儿子必须要做得好”的强迫感中解放出来。当孩子得以释放他潜藏在内心深处的天性时，他就能够感受到与父母之间的紧密的联结。良好的教育就在此时得以实现。

盼望儿子成长为一个好男人

妈妈今天也在为儿子的缺点而感到不安、难受和焦躁。

“这位妈妈，您家的孩子有些地方和其他孩子不一样，建议您带孩子去医院看看。”

孩子被怀疑得了注意缺陷多动障碍（ADHD）并被确诊，这样的妈妈的心情你能体会吗？谈话从眼泪开始又以眼泪结束。值得我们注意的是，有些小朋友的确需要医院的帮助，但有相当一部分小朋友并不需要，父母仅仅因为老师根据个人经验对孩子做出的评价，就把孩子送去了医院。

有一次，一位养育了曾有注意缺陷多动障碍的孩子的妈妈受邀参加成长男孩美术研究所的妈妈聚会。在聚会上，妈妈们诚恳地诉说了各自的苦恼。这原本只是个小规模的聚会，后来口口相传，那天去参加聚会的妈妈竟有200多位。那天的嘉宾妈妈的儿子在20多年前被确诊为注意缺陷多动障碍患儿。虽然当时他们过得非常辛苦，但如今儿子已经恢复了正常。在聚会上，这位妈妈握着麦克风，脸上满是轻松。

“有一天，我收到孩子学校的通知：‘请您今天来一趟学校。’我到学校时，看到老师正让我的孩子在走廊里走来走去。那情景真的很搞笑，孩子从走廊这头走到那头，一路上走得摇摇晃晃，就像只章鱼一样。老师营造的气氛其实很紧张，可是我却没能融入那种氛围，在那儿哈哈大笑。老师很无语，可我却没觉得孩子的行为有什么不对。”

虽然现在她已经能用轻快的语调聊起当时的事，可那时的她经受了多么长时间的苦痛呢？听了那位妈妈的故事，我不禁想象了一下母子二人是怎么挺过来的。

当时被所有人指指点点认为有问题的那个8岁的“章鱼男孩”，现在已经快30岁了，而且生活得十分潇洒。他实现了自己的梦想，已经是一位优秀的电影导演。他的作品在“首尔29秒电影节”上获得了最优秀奖，他还曾亲赴柏林领取短篇电影奖。

孩子的任何性格倾向都有两面性。就像在有自闭倾向的小朋友身上往往能看到学者综合征一样，在走路摇晃、无法集中注意力的男孩的脑海中，可能正在展开充满想象力的故事。吴东贺导演的情况就是这样。他的妈妈说，晚上的时候儿子写小说不写学校的作业，她就熬夜和他聊天。她感叹于儿子无穷无尽的想象力，听儿子讲故事成了她最快乐的事之一。而这位妈妈的信任则帮助儿子成了一名优秀的导演。

与此相反，还有一些案例则是妈妈因孩子过于内向安静而感到担心。在做咨询的过程中，我遇到的因活力不够、过于胆小而使人担心的男孩和因精力过于旺盛而使妈妈担心的男孩一样多。活力不够的男孩的妈妈反而会喜欢那些精力过剩的，即使有点儿散漫却能干干脆脆说话的孩子，她们也会担心："我家孩子去了学校能不能适应呢？"

在前面提到的聚会的第二个讲述环节中，演讲的是一位曾经为儿子的内向感到很苦恼的妈妈，她的孩子直到小学六年级还不能明确表达自己的意见。

一直到相根小学毕业，他的班主任给他写的生活记录本上就没断过"性格消极内向，使人担心"之类的评语。他是那种很安静很乖的男孩。那时妈妈很为他担心，他不太会表达自己的意见而且性格消极。在相根上初中那年的家庭会议上，妈妈宣布了一个重大决定——只给孩子 4 万韩币，让他一个人到韩国各地旅行 5 天 4 晚。

在那个还没有智能手机的年代，让一个从没试过在没有妈妈的情况下做决定的孩子独自一人做旅行计划并且去实施，这对于一个妈妈来说是个很艰难的决定。现在的世界很危险，那时的世界也没有什么不同。但是，相根的妈妈希望无论世界多可怕，相根都不会成为一个关闭心中通往世界的大门的孩子。所以，她提议让相根自己去穷游，而相根接受了这个提议。在旅行开始前一个星期，他每天在家庭会议上与父母商议自己走什么路线、应该怎么走，然后就真的只带着4万韩币离开了妈妈的怀抱，开始了为期约一个星期的旅行。

旅行路线以在书上看过的历史遗址为主。白天他探访显忠祠①、金正喜故居、井邑古阜邑城②、光州5·18望月洞公墓、著名诗人的出生地天涯海角③，以及茶山草堂等他此前只在教科书上见过的地方，晚上就睡在大学、寺庙和教堂里。或许是担心相根被当成离家出走的少年，他的父母在记事本上写下了“我们怀着放飞鸽子的心情将相根送上了旅途，请您也为相根写句激励的话吧”的话，将记事本作为“护照”交给了相根。

---

① 这里的显忠祠是指韩国忠清南道显忠祠，是纪念李舜臣的祠堂。——编者注

② 井邑古阜邑城位于韩国全罗北道，留有部分与甲午农民战争相关的遗迹。——编者注

③ 这里的天涯海角是指韩国全罗南道的一处景区，并非我国海南省的天涯海角。——编者注

还只是个胆小的初一学生的相根说，他在寻找住处、食物的过程中学会了把自己展示给他人的方法，并感受到了来自他人的温暖。

起初，相根带着连付车费都不够的 4 万韩币踏上了旅程。当他回到家的时候，口袋里却装着 10 万韩币。那是他每离开一个地方时，在那里认识的人给他的零花钱。

长大后的相根写了一本名为《80 万韩币走遍世界》的书，并在二十几岁的时候成了畅销书作家。现在，他以曾经感受到的来自世界的温暖为基底创办了“向他人学习学校”，从事将世上的智慧和温暖传递给孩子们的工作。那个小时候比谁都胆小、比谁都乖的小男孩，现在已经长成了比任何人都更坚持自己主张的堂堂男子汉。

我自己也曾是一个散漫的孩子。在我小学时候的生活记录本上，每年班主任给我的观察评语总带有“都很好，就是有点儿散漫”之类的句子，不过是每年略变个说法而已，其实都差不多。但是，后来认识我的人绝对想象不到我小时候的样子。除了很亲近的人，别人都不会在我身上发现以前精力过剩、自由散漫的痕迹。

我也曾仔细观察过那些活得很认真、很幸福的朋友。他们中有许多人在孩提时代都曾让人担心“他到底能不能长成一个能很好履行自己职责的男人”。

看着那些过于安静，总是被小朋友欺负的孩子，我们会担心他长大以后该如何在这个艰险的世上生存；默默地看着过于散漫的孩子的背影，我们又会担心20年后他就变成了一个没有担当的人。

不过，请放下“10年后儿子还是一成不变怎么办”的忧虑吧。很多时候，孩子的问题是需要时间来解决的。

妈妈秘诀

关于优点和缺点，这是仁者见仁、智者见智的问题。二者皆只是孩子的性格倾向而已。思考如何培养孩子，在了解孩子性格倾向的基础上适当地引导他，这才是更明智的做法。

第二章

我的儿子究竟为什么会这样

想严厉地说“这么做不行”

有时家长需要管理孩子的行为，以防孩子气馁放弃。在那一瞬间，如果妈妈不能做到坚决果断，总有一天妈妈要为此时的犹豫软弱付出代价。

“妈妈对你说过不许这么做了吧！”

“嗯？没说过呀，没说过呀。”

育儿方法也是随时间变化而有不同趋势的。就在几年前，“虎妈”还很流行。而当前的育儿主流方法却已经是要做像朋友一样的妈妈。所以，现在到处都能见到管不住儿子的妈妈。

在做咨询的过程中，我经常会遇到随意对妈妈发火的孩子。在老师和妈妈谈话时，孩子为了排解无聊向妈妈要求用手机玩游戏——这种情况屡见不鲜。甚至有些孩子都不是在征求许可，而是就像跟妈妈做交易一样。

“妈妈，我好无聊。”

“等会儿啊。妈妈和老师说会儿话。”

“啊，那我要玩游戏。”

“这个星期你已经玩很长时间了。妈妈说过不能再玩了吧！”

“啊，真是的……我很无聊嘛！那你让我做什么呀？”

“哎呀，真是的。那就只能今天玩啊！”

为了不使孩子沮丧，为了提高孩子的创造性，为了除此之外的各种原因，在需要管理儿子行为的那一瞬间，妈妈往往做不到坚决果断。但长此以往，总有一天妈妈要为此前的犹豫软弱付出代价。孩子能通过直觉知道妈妈会在什么时候变软弱并乖乖地交出手机。

妈妈失去对孩子的管控能力，就是丧失了作为父母的权威。虽然有些父母本身就反感权威式的训斥，但有权威和采用权威式的训斥是截然不同的两个概念。为了培养孩子的创造力而不提出各种想法与丧失权威也是截然不同的。

当孩子发现了有趣的事物、叽叽喳喳说个不停的时候，妈妈即使很累也要给他鼓励。但是，如果孩子在妈妈和别人谈话时如要赖一般随心所欲地插话，这种行为妈妈必须坚决制止。这时候，妈妈要有条理地向孩子说明他被约束的原因，这一点也很重要。孩子玩玩具玩得像“宇宙大战”一样的时候，妈妈要给予他尊重。但是对于孩子向弟弟妹妹扔玩具表示威胁的行为，妈妈必须坚决制止。

妈妈丧失权威的原因有很多种。第一，对于什么行为应该制止，妈妈没有制定明确的标准。妈妈有时候是在不应该制止的时候过分地压制，以至于切断了与孩子沟通的渠道；有时候是在应该制止的时候没有制止，导致孩子养成了不好的习惯。

例如，孩子正在专心致志地画画。妈妈仔细一看，画面上是机器人在攻击什么东西。这时候，我们应该制止他吗？一般情况下，妈妈们不怎么愿意儿子画带有攻击性的图画，看到画中的机器人在攻击什么东西或者小汽车上放着炮弹，就担心儿子或许会产生暴力倾向，于是对儿子说："旼俊呀，不要画这样的画。这种画不好。"

那么，儿子的反应是什么样的呢？儿子不会想"啊，这种画不好，所以以后我不画了"，而是想"妈妈不喜欢这样的东西，我以后不在妈妈面前画了"。于是儿子就开始在妈妈看不见的地方画带有攻击性的画。单纯地让孩子不要画，这只能限制孩子的行为，并不能从根本上解决问题，反而会使孩子从此不在妈妈面前展露真实的自己，那就真成了问题了——儿子开始在妈妈看不见的地方成长。

请不要忘记，对妈妈来说，真正的危机不是儿子做出抽烟或者殴打同班同学等不良行为，而是儿子不再与妈妈坦诚对话。随着时间的推移，妈妈所知的儿子与教室里的儿子之间的差距将越来越大。即便上了中学的儿子学会了抽烟，如果他能坦率地对妈妈倾吐烦恼，聊聊关于抽烟的问题，那么或许问题解决起来也会很轻松。可是如果沟通的纽带断了，那么即使是忘了准备什么东西之类的小问题，也能成为使母子关系僵化的大事件。

第二，如果妈妈在直面儿子的天性时，没有经过充分沟通，就独断地认为自己是正确的，要通过自己的方式解决问题，那么妈妈也会丧失权威。这不是在解决问题，而是在回避问题的根源。如果这样，儿子将不能正确地面对自己在成长过程中遇到的问题。他会试图默默地背地里自己解决问题，因而增大误入歧途的可能性。

每个人在成长过程中都会经历矛盾、诱惑和选择等。如果在幼年时期得不到家人的赞同，甚至遭到排斥，那些东西就会像伤口上的脓一样渐渐腐坏，成为解不开的结。

在约束孩子的行为时，深入了解孩子的本能、确定标准和底线，这很重要。举个例子，假如某个孩子在出生时就被设计好了要说谎话，可是妈妈给自己树立了信念——“别的可以谅解，但孩子说谎话绝对不能容忍”，并严厉地批评孩子。那这只会挫伤孩子的自尊心，却不能从根本上解决问题。当然，爱说谎的坏习惯也是改不掉的。

“你如果说谎就是个坏人啦，妈妈绝对不会原谅说谎的人。”

如果平时总说这样不是威胁却似威胁的话，孩子不会成为一个不说谎的人，而是会成为说谎时努力不被戳穿的人。不是说这样的孩子就是坏孩子。世界上所有人都讨厌使自己感到尴尬的事物，更何况是尚未确立正确价值观的孩子呢？谎言是人的一部分，天生便是如此。

反之，如果承认孩子任何时候都有可能说谎，为孩子创造一个自己坦白谎言的环境，就可以在不伤害孩子自尊心的情况下纠正孩子说谎的习惯。

有个听起来有点儿奇怪的比喻，纠正孩子说谎的习惯与电影里驱魔师驱赶恶灵类似。在电影中，驱赶附在孩子身上的恶灵时，驱魔师必定会让恶灵说出自己的名字。驱赶附在孩子身上的谎言时，最重要的就是能使其坦白的氛围。当孩子坦白自己说了谎话时，父母应该对孩子表示特别的祝贺，祝贺他开始像个真正的男子汉了。

“谁都可能会说谎，但是承认自己说谎是非常有勇气的行为！”

这样，孩子就不会否定说过谎的自己，不会再逃避问题，而是能接受并原谅自己，并且掌握自己解决问题的力量。

在经营成长男孩美术研究所的这七年里，我见过非常多的男孩和他们的妈妈，并有了一些体会。促使儿子改变的核心力量来自妈妈“面对并承认儿子本来的样子”的本能。当研究所的老师们眼中的孩子与妈妈眼中的孩子统一起来时，儿子就会被安适的环境抚平棱角。

如果父母在看到儿子的不足之处时不肯承认或保持回避，日后儿子一旦遇到生活的艰险就可能会选择逃避或者变得暴力，就这样一点一点错失成长为一个内心坚定的成年人的机会。请不要忘记，孩子在今天表现出来的坏行为，有可能就源自昨天妈妈回避了的小问题。

妈妈秘诀

当儿子为了达到自己的目的而耍赖或突然变得暴力时，妈妈应该果断制止他。此时，妈妈应该有条理地向孩子说明自己变得严厉的原因，这一点很重要。

如何树立父母的权威感

如果老师或父母在孩子面前不信守诺言，孩子就会不加辨别地原样模仿。

“老师，孩子好像会轻视我说的话。”

像这样的咨询我也做过很多。实际上，“选择听什么人的话”这种行为是超越了年龄和辈分的，不只是在幼儿当中，社会上也有很多类似的情形。因此，说话人确立自己的权威可以说带着些本能的意味。

就拿教孩子的老师们来说，有些老师虽然教得很认真，却很奇怪地没办法控制课堂秩序，有些老师虽然成功地和孩子成了朋友，却做不成有教师威严的老师。

对老师们来说，要想让孩子从自己身上获得安定感，并在这种氛围中引导孩子，有件事与开发孩子的思维同样重要，那就是制定明确的标准并实施。维护自己立的规矩很重要。如果老师根据情况随意打破自己立的规矩，孩子们就会模仿老师的做法。在无关紧要的小事上都不能维护规矩的老师只能丧失在教室里的权威。

在家中也不例外，不立规矩或者在某些情况下不维护规矩的妈妈将失去对孩子的控制力。比如，妈妈立了规矩说吃饭的时候不能到处乱跑，可是儿子难以安静地待着。

“吃完饭之前不能去别的地方。”

“好的。”

但是，儿子一会儿就又跑来跑去了。最后妈妈生气了，打算教训儿子。那么，儿子为了逃避这种危机就会哭或者利用自己特有的小聪明逗妈妈笑。这样也不行的话，儿子还可能突然说想小便，也可能开始装作呕吐。儿子们还会用其他各种方法来转换气氛，逃避危机。

朋友式的老师和朋友式的妈妈很容易放弃教训孩子的原因就在这里。在教育犯了错的孩子时，不能因为孩子哭了就停止教育，不能一看到儿子逗自己笑的可爱样子就扑哧一笑。那样的情景乍看之下很温暖很美好，却有可能成为悲剧的开端，因为孩子会以为用那种方法总是可以渡过危机。

教训孩子的时候要明确教训的目的。教训不是我们发泄情绪的渠道，也不应该传递老师和妈妈生气了所以不许这么做的信息。

“虽然我没有对你发火，但是你刚才确实做错了。我们现在就是在谈刚才的事。”

要既不笑也不发火，冷静坚定地教育孩子。虽然到最后也没发火，但是维持状态不因为孩子的样子而动摇，用冷静的声音向孩子传达自己的意志。只要妈妈或老师持续努力，孩子就会在某个时刻开始能够平静地接受大人的训导。

教训孩子的时候请一定不要笑。一旦正在教训孩子的大人笑了，那一切就都毁了。请不要试图做单纯的朋友式的父母或老师，给予孩子引导的父母和老师不可能做到完全像朋友一样和孩子相处。当大人正确认识到这一点并付诸行动时，孩子就不会再无视大人了。

妈妈秘诀

不能维护规矩的家长或老师只能丧失对孩子的控制力。教训孩子的时候要明确教训的目的，要既不笑也不发火，冷静坚定地教育孩子。

孩子抓着手机不放

手机是最能满足男孩特有的对被认可的需求的玩具。但是，并不是所有男孩都会对手机上瘾。

在我做咨询的时候听到的男孩的妈妈们的抱怨里总是少不了与手机有关的话题。越是自我主导型性格倾向强的孩子越喜欢触摸手机和其他电子产品。因为这可以让他们感到自己能轻松地左右环境，而且还能满足男孩们极其强烈的权力欲。最近有些小学男生甚至会在放学后先去朋友家与朋友背对背玩一会儿手机游戏才回家。

智能手机是人类文明给人类的礼物，也是诅咒。孩子在饭店里哭闹时，妈妈用来哄孩子的不再是自己的怀抱或者玩具，而是一部智能手机。把手机放在支架上立起来，给孩子搜索他们喜欢的视频，于是奇迹发生了，刚刚还怎么都哄不好的孩子立刻就安静下来了。

孩子在成长过程中会寻找自己所需要的刺激，就像野生动物会在大自然中变得灵敏一样。孩子在寻找刺激的过程中，有时会变得散漫，因而遭到训斥，而后会开始自制，在这些经历中学会调整。但是，智能手机使孩子不需要付出什么努力，或者只要做出动动手指碰一下屏幕这样很小的努力就能实现画面的改变，为孩子提供所需程度的刺激。

当孩子喜欢上智能手机，问题就随之产生了。孩子会渐渐适应无须使用身体，无须做什么动作，也无须观察的生活。与散漫的孩子相比，我更担心那些没有欲望、没有活力的孩子。

换个方式思考一下，其实“散漫”也意味着在寻找新刺激时徘徊不定的状态。对此，我们可以将其看成孩子有学习的要求，也可以做其他的正面解析。近来，不断有研究结果表明，事实上，散漫的孩子并不是学习能力差，而是在接触新事物时表现出了另外一种潜能。

然而，沉迷于智能手机的孩子与此不同。如果先让沉迷于智能手机的男孩不玩手机，然后问他想做什么，他很可能会回答说：“什么都不想做。”

对于散漫的孩子，妈妈和老师只要让孩子能够自己寻找他想要的刺激就可以了，只不过需要多费些心思。可是，没有欲望的孩子真的令人很为难。

沉迷于包括手游在内的电子游戏的男孩的比例压倒性地高于女孩。这是为什么呢？因为智能手机能满足男孩特有的渴望被认可的需求。只要稍稍努力，游戏分数就能上升，他们就能从朋友处获得认可，还可以在父母的统治延伸不到的地方享受创造自己的世界的乐趣。

一部分家长在很努力地宣传智能手机的危害性，并将孩子与智能手机和电脑游戏隔离开来。可是他们都忽略了孩子们沉迷于智能手机的根本性原因。

在我接触到的孩子中，有个放学后先蜷坐在回廊里玩 30 分钟手游再回家的四人组，他们是俊宇、俊勇、敏赫和政闵。除了这个四人组，还有许多男孩自发组成的“手游堡垒”非常坚固。随着智能手机普及率越来越高，越来越多的游戏问世，男孩们渐渐被智能手机所支配。如果说以前是周日早上播放的迪士尼动画震撼了小朋友，那么现在就是智能手机控制了孩子。

可是，从我对孩子们的长期观察来看，即便让孩子们在相同的时长里用智能手机玩游戏，也并不是所有孩子都会上瘾。有些孩子稍稍尝到点儿滋味就像上瘾一样入了迷，有些孩子即便玩的时间更长也不会对游戏上瘾。还有些孩子，如果大人把手机从他手里夺走，他就会像世界末日来临一样又哭又闹，甚至提不起精神。可是，有些孩子即便玩游戏玩得很开心，只要时间一到，他也就会放下手机转而投入到其他事情中去。

当妈妈发出停止玩手机的指令时，有些孩子能理解，有些孩子理解不了。这两种状态有什么区别呢？

相对来说，那些平时和家人相处时间较多，能被人深切理解的孩子，比独处时间较多或虽然有人陪伴却不能被深切理解的孩子表现出的上瘾症状要少。

每当看到对手机上瘾的孩子时，我首先想到的是大人们从孩子们手中拿走手机的方法。我们对于孩子为什么会上瘾了解得太少。说不定孩子们对手机上瘾只是一种现象而已，实际问题的产生是从情感共鸣的缺乏开始的。那些表面看起来情感世界很丰富，内心却很空虚的孩子们，如果他们为了寻求深刻的共鸣和沟通而玩手机，那他们离上瘾也不远了。

相反，如果孩子能从家人那里得到深切的理解和情感共鸣，与包括父母在内的家人、亲戚和朋友们沟通良好，那么即使玩手机，孩子上瘾的程度也会相对较低。

假设时间倒流，如果在那个和朋友们去趟游乐园就能乐疯的时代有了智能手机会怎样呢？那时智能手机也能控制孩子们吗？我认为不会。如果孩子正在慢慢地对智能手机上瘾，那妈妈在烦恼怎么做才能让孩子远离智能手机之前，先应该思考如何弥补缺失的沟通和情感交流。这不是只凭共度多少时间就能解决的问题。

让喜欢蹦蹦跳跳的儿子玩娃娃，即使让他玩上 10 个小时，他也不会开心。对他来说，爸爸妈妈和他一起跑上 1 个小时才是有意思的事。如果儿子对汽车感兴趣，那妈妈就应该和他一起研究汽车，这比其他什么方法都有效。

因此，父母应该特别留心观察并明确地知晓什么样的主题和游戏才能使孩子的需求得到满足。

妈妈秘诀

经常独处的孩子和自身性格倾向得不到认可的孩子很容易对智能手机上瘾。此时，我们大人应该做的不是夺走手机，而是努力仔细观察孩子的喜好和个性。

把妈妈的话当成耳旁风

除了说话的能力，男孩和女孩倾听的能力也有差距。

有时候男孩会使人心里很不是滋味，这样的瞬间经常出现。当孩子想好好表现得到认可却力不从心，因此看起来闷闷不乐时，我总会有这样的感觉。男孩甚至经常会在学校里被同年级的女生挤对，有时还会被比自己小一两岁的妹妹挤对。与生俱来的性格使男孩像只充满活力的小老虎，可是社会需要的却是伶俐敏捷的小兔子。于是小老虎就失去了立足之地。

为了得到妈妈和老师的认可而压抑自己原本的个性，为了把自己塞进框框里，男孩们各有难处。

我在研究所只开展男教师教男孩美术的项目的原因之一，就是现在愿意解读男孩内心的成人越来越少了。从小学教师的男女性别比例来看，女教师人数接近 90%。在幼儿教育中，女教师所占比例为 97%。而家庭中的主要抚养人是妈妈。男孩能接触到的成人中，女性占了绝大多数，孩子与可模仿的成年男性相处的时间越来越少。身为女性的妈妈无法理解儿子的天性，在矛盾产生的时候，本应扮演协调者角色的成年男性的缺位会对孩子的成长造成极大的影响。

世界上大部分的儿子都经常被妈妈误解。雪上加霜的是，儿子阐明情况、解开误会的能力却明显不够。男孩中也有不少话多的孩子，但是，仔细听一听这种孩子所说的话，就会发现他们像在讲魔幻车神的故事一样，叨叨咕咕说的全是他们自己感兴趣的东西而已。很遗憾的是，这种现象在爸爸身上也时有发生——在把儿子的心事翻译给妈妈这方面，爸爸们的能力明显不太够。

“小孩本来就是那么长大的！”

这是爸爸在为儿子辩解时所能说的最明白的话了，但是在妈妈听来这理由却不够充分。在妈妈看来，这就是对孩子不关心，觉得养孩子麻烦。

有一次，正在等待孩子下课的几位妈妈坐到一起聊了起来。一位妈妈说了这样的话，其他妈妈都笑着附和。

“我儿子呀，好像就是生下来挨我训的。”

“我们家孩子也是！”

“哎呀，我家也是。我老公也这样！”

妈妈不知道，这其实就是儿子这种存在与生俱来的特点之一——不太能听话。不是说儿子比女儿听力差，而是说他们倾听别人的话的能力比较差。之前我对此一直有所怀疑，但从研究资料和实验资料来看，这确实是事实。

在说和写之外，男孩和女孩在倾听他人话语的能力上也表现出了差距。总之，儿子不太会听话。即使妈妈大声喊着不许那么做，他们也还是能理直气壮地无视妈妈。如果今天你也因为这个伤心了，那就放下手里的碗筷，捧着儿子的脸，看着他的眼睛再说一次。看着孩子的眼睛提问，就不会发生误会了。或许儿子会露出直到现在才听到的表情，然后天真烂漫地做出回应呢。

此类事件在教室里也时有发生。有些男孩会偶尔不注意听老师讲话，表现得很散漫。对于其中有些孩子，只要把他的座位换到老师旁边，问题就解决了。像这样，用很简单的方法就能使问题得到解决。

当然，不是所有精力过剩的孩子都只是因为倾听能力的原因才不能注意听讲。因此，上述解决方法并不是绝对的。然而，我们也注意到一些消息和报道说，有些被诊断可能患上注意缺陷多动障碍的孩子在座位被挪到教室前面后症状有所缓解。

养育男孩的妈妈请一定记住，男孩在倾听方面的注意力本来就比女孩差。只要知道这一点，妈妈内心的煎熬就能排解大半了，看到只顾着玩耍不回答自己的话的儿子时，妈妈心中的怒火也能减少一点儿。如果不了解儿子的这种特性，就可能使小误会一点点累积起来，甚至做出抑制孩子的某种潜力的行为，那该多么令人痛心。

可是，除了儿子，家里还有一个耳朵不太好使的人——儿子的制造者，又称大儿子——妈妈的先生。我接到很多妈妈的“举报”说，这位的耳朵也不太好使。会不会是先生在家看棒球赛的时候电视声音开得太大了呢？他们肯定不是有意要招太太不高兴的，因为他们是真的不太能注意到别人说的话。妈妈可以把这两个男人的特点当作共同点来认识，这样在日常生活中心情就会平和得多。

翻开过去的记忆，在孩子刚出生没多久的时候，妈妈几个小时就要醒来一次。而且，那时每次先睁开眼睛的，或者说唯一睁开眼睛的人就是妈妈。妈妈刚刚醒来，在睡眼惺忪的状态下迷迷糊糊地轻轻拍着孩子哄他再次入睡。这时看见打着呼噜睡得不省人事的先生，妈妈可能会觉得很恼火。可是那个人原本就是被设计成这样的。对于这部分，妈妈不需要去理解，只要宽容怜悯就好了。现在，请原谅他吧。

接纳了儿子的这种性格，妈妈以后再听说儿子在学校里注意力特别不集中的时候，就能不慌不忙，请老师把孩子的座位稍稍往前挪一挪。实际上，这种方法真的很有效。

准确地说，男人不是听不到“声音”，而是听不到“人说的话”。男人即使听不到孩子的哭声也能准确听出自己车的警报声，甚至能听出隔壁家汽车的警报声和自己家汽车的警报声有什么差别。这就是男人。

综上所述，男人和女人是不同的存在。请记住，问题的产生往往是从“对方和我一样”的错误认知中开始的。

妈妈秘诀

如果有什么话想对孩子说，请看着孩子的眼睛面对面地跟他说。并且，请委婉地问问他是不是听明白了，这样就不会发生误会了。或许儿子会露出自刨现在才听到的表情，然后天真烂漫地做出回应呢。

做错事却觉得很委屈

我想起了自己有很多话想说却不知道该怎么说而哭出来的经历。

男孩的语言发育比女孩平均晚大概 1.5 岁。也就是说，5 岁的儿子和邻居家 3 岁半的女孩的语言功能水准相同。如此一来，儿子受委屈的情况屡有发生。

虽然孩子们都还不成熟，任何时候都可能会觉得委屈，可是从实际情况来看，捣蛋鬼儿子们的委屈感尤其强烈。明明是他自己先惹了事，老师来劝阻的时候他却吧嗒吧嗒落着泪，觉得自己很委屈。

男孩和女孩发生冲突的时候，感觉委屈的一方通常是男孩。明明是他自己做错了事，他怎么就那么委屈呢?

感觉委屈的男孩一般都不能正确理解对方的意图，不管对方是妈妈、朋友还是老师。而他的能力还不足以冷静地解释自己为什么委屈，这是孩子们的共同点。他们很难一下子说清楚究竟是因为太委屈了所以说不出来，还是因为说不明白所以委屈。

从实际情况来看，语言发育较迟缓的孩子比普通孩子更经常觉得委屈。虽然说如果老师能一下子察觉这类孩子的苦衷，帮他们解决问题，就能为他们创造最好的环境。但是即便是经验丰富的老师，也会在了解表现力有些不足的孩子时遇到困难，因为能从孩子那里直接得到的信息太少了。这里说的信息与孩子自己的絮絮叨叨相去甚远。因为就连话多的男孩也很少能准确表达自己的感情和想法。

举个例子，女孩从开门进屋放下书包时就开始没完没了地说自己的事，而男孩一进屋就把包括作业在内的所有事全抛到脑后了。女孩的妈妈不需要直接去学校，只通过孩子说的话就能获取很多信息，把学校里发生的事了解得差不多。男孩的妈妈要想了解情况却得费很大力气。儿子回答妈妈的问题时通常就用两三个字——“不知道”“没有”“挺好”。最后妈妈就只能通过妈妈交流群或者听班里女同学的妈妈的转述来满足自己的好奇心了。

所以，同许多男孩的妈妈交流过后，我发现有时候有些妈妈完全没有察觉到孩子在校园生活中遭遇了什么问题。但是，这不是妈妈的问题，将其看成是不知道如何表达自己遇到的问题的儿子正在经历的困难，这样更合适一些。

所以，我建议男孩的妈妈在第一次送孩子去学校时一定要做下面这件事：和家有聪明伶俐小闺女的妈妈加为好友——虽然和老师的交流也很重要。万一儿子从学校回来说今天没作业或者没什么要准备的，请笑着给女孩的妈妈打个电话确认一下。检查儿子的书包是必须要做的。如果平常不检查书包，也许某天你就会从儿子的书包里发现一张过期很久的皱皱巴巴的家长会通知书，然后心里咯噔一下。

不过，比起这些，我认为根本性的解决方法是根据孩子的性格培养孩子的表达能力。可以试试准备每周一次的倾听时间，听听孩子的故事。这个时间可以是 30 分钟，也可以是 2 个小时。让孩子在家里随心随欲地说自己想说的话吧。尤其是那些平时与孩子缺乏沟通的妈妈，可能会觉得这些倾听的时间对她们来说就像久旱逢甘霖。如果这样孩子还是不肯用语言来表达，那么妈妈可以准备一张大纸，和孩子一起在上面玩画画游戏，或者和孩子一起玩摆动身体的游戏。

妈妈和儿子一起玩耍时，要注意给孩子足够的时间，直到他主动说不玩了。这样一起玩耍的时光可以让孩子感觉到有大人能相信他和理解他。更进一步地说，可以让孩子感觉到自己作为一个独立的人得到了认可。不要忘记，语言发育迟缓与想法和要求迟缓是不一样的。

妈妈秘诀

在听人说话方面注意力比较弱，语言发育程度也比女孩差的男孩，不擅长说明情况或者表达自己的心情。所以，碰到郁闷的情况时他会哭。妈妈需要细心询问，拥有了解孩子内心的智慧和耐心。

培养孩子的语言感知力

想完善儿子的不足之处是妈妈的本能，想在妈妈面前只表现出自己优秀的一面是儿子的本能。这二者是互相矛盾、互相冲突的。

现在大家已经明白了儿子的语言能力发展相对迟缓。那么，接下来应该怎么教儿子呢？比以前给他读更多的书，有意识地增加和他聊天的时间，每次他出错的时候都给他指正，这样就会有好转了，难道不是吗？不巧的是，这么做你失去的将比得到的更多。

妈妈如果急于解决问题，草率地对孩子的状态做出判断，那么看问题就会流于表面，导致偏见。妈妈看到儿子的不足之处，本能地就会想帮他完善，妈妈就是被设计成这样的。

但是，还跟不上妈妈速度的儿子看到这样的妈妈，他的想法是："妈妈只会看到我的错误，总指责我。"想完善儿子的不足之处是妈妈的本能，想在妈妈面前只表现出自己优秀的一面是儿子的本能，这二者是互相矛盾、互相冲突的。在教室里也是如此。老师有想纠正孩子的不足之处的急切心理，孩子希望通过自己的能力将自己拥有的东西完完全全地表现出来，这二者时常冲突。

那么，该怎么做才能既不给孩子造成负担，又能促进孩子语言能力的发展呢？在教孩子认字的时候，教育者最需要的不是自己对文字的理解，而是让孩子不讨厌文字并且一直对文字保持兴趣的技能。

如果你看了这段文字之后还是苦恼"教孩子认字的时候应该做些什么"，那不如换个问法："应该做些什么，才能有效地教孩子认字？"孩子们在教室里没能从学习中找到乐趣，不是因为教学量太少，而是因为很多时候教学量过多产生了副作用。孩子想和妈妈一起玩游戏，妈妈却用教育来回应他。如果沟通不良，教什么都不过是在沙子上建城堡而已。

沟通是教育的基础。刻板的目光该放松下来了。静静地注视孩子的眼睛，用等待取代该教点儿什么了的眼神。妈妈只有先知道孩子自己想发展哪个方面，才能开始听到孩子的声音。请不要没教成孩子认字和说话，反而使孩子抗拒学习了。让孩子自然而然地认识到认字和说话是表达自己想法的手段，并熟记于心。

可能是因为我们的做法还不够成熟，每当打算教孩子点儿什么时，孩子就会本能地开始防御。孩子的那种样子，和成年人在商场遇到促销的营业员时马上就躲开的样子简直太像了。我们有多想躲开现在的营业员，孩子就有多想躲开要教育自己的大人。孩子对超过自身接受能力的学习感到疲倦，所以只想躲避。

男孩的语言中枢发育比女孩要迟缓一些。强行剥开还没成熟的栗子，是吃不到饱满又好吃的栗仁的。

我们在教儿子之前一定要先分析一下："我儿子的大脑是否已经发育到能接受这些内容了？"这不是仅看着平均图表指标说"一般6岁的孩子就已经会表达自己了"，就能一蹴而就的事。请记得，就像我们虽然已经是成年人，但依然有各自不同的生活一样，孩子们的生活也是如此。

要想把男孩养得好，就要像垂钓者一样善于等待。要收敛急躁，留心观察，在孩子表现出对学习的兴趣时给予正确的引导。这不是说要放任孩子不管，而是说把孩子放进带有围栏的广阔牧场中，细心观察孩子在其中的行为。这是妈妈要做的第一件事——就这样等待某种信号的出现。一定要坚定地相信，没有厌恶学习的孩子。

我每天都要接待好几位已经有了学习自卑感的男孩，其中以有美术自卑感的男孩居多。对这样的孩子，我们首先要做的是让他持续接触自己喜欢的东西，让他从自己最需要的内容，以最适合的方式开始学习。如果这样的工作没有做在前面，即使孩子变得很会画画了，那也只是因为老师的劝导和努力勉强学会了技术性的东西而已，其实孩子还是那个对白纸感到畏惧的孩子。

最重要的是使孩子不再厌恶学习的过程。为此，关键在于了解孩子的兴趣点，以及孩子是用什么方式学习的。

“这位妈妈，不是说画画得好做手工就当然也好。每个孩子的性格和兴趣都不一样，请观察观察再说。”

美术的领域相当广阔，每个孩子感兴趣的部分也有所不同。教孩子说话的时候也是一样的。妈妈应该细心观察孩子的性格，分析孩子对哪些方面比较有兴趣，然后坚持从这些方面培养孩子就可以了。比如孩子喜欢恐龙，如果妈妈从茄子、苹果等词开始教他，孩子就不太能接受，如果从霸王龙等词开始教，效果就好得多了。

有时我想，孩子们会不会是令我们无可奈何的大自然的一部分呢？因为我们可以把自己掌握的知识传递给孩子，却不能把想法也移植给孩子。

很多老师和妈妈都犯了个错误——沉迷于人为“制造”的教育理论中，却忽视了就在眼前的孩子。如果现在孩子没有长成你预设的样子，就请回想一下自己是否投入了充分的时间去观察孩子的性格。

妈妈秘诀

发育水平的平均图表不能成为孩子人生的标准答案，孩子需要的是符合自己性格和兴趣的教育。

画画只用黑白两色

鉴于用黑色画画的人都有忧郁症的传闻，有些妈妈在看到儿子漆黑的画作时感到忧心忡忡。

“老师，孩子画了幅画，画里的雨是黑色的。这是不是有问题啊？”

在这个信息过剩的时代，可以从孩子的画中探知他的心理似乎是大家都知道的常识。然而，其实这是个误会。在这里，我特别想说一说的是对爱用黑色的男孩的误会。

黑色是代表忧郁情绪的颜色，由于这一错误认知，只要孩子在画画时只用黑色，妈妈就会变得忧虑：“我家孩子的情绪是不是出了问题？”虽然会使人很意外，但我还是要说，其实男孩用黑色的最大的原因是视网膜。男孩和女孩的视网膜从结构上就存在不同。男孩的视网膜较厚，是由较大的神经细胞组成的；女孩的视网膜较薄，是由较小的神经细胞组成的。

总之，男孩喜欢黑色是极为正常的生理现象，男孩天生就对无彩色很敏感，而女孩从出生开始就对温暖柔和的色彩比较敏感。所以，那种“孩子们当然应该使用温暖多彩的颜色，这才表示他们情绪稳定”的观念才是错误的。

建立在这种观念基础上的教育是在剥夺儿子对绘画的兴趣。固有观念多么可怕！

男孩们在听到“好了，现在来上色吧”时表现得有气无力，但在听到“我们来刷油漆吧”时，整个人都不一样了，就好像变成了行为艺术家一般全情投入，现场只能听到呼吸的声音。此时，男孩们选择的颜色通常是就放在眼前的颜色。妈妈面对这样的情景时会感到很挫败，费尽心思地想该怎么改掉孩子的这种习惯。可是在成长男孩美术研究所，老师们却很乐于见到这样的情景。因为这太正常了——作为男孩、儿子成长起来的老师们曾经也是这样的。

在此要强调一下，情绪稳定的孩子在画画时会选择五彩斑斓的颜色，这是成年人的错觉。就像前面说过的，女孩和男孩的视网膜结构中的细胞分布存在差异，生物学上就是如此。所以，如果盲目地用五颜六色的色彩来判定孩子的情绪，是在无视男孩的身体构造。

时常有妈妈因为儿子在美术游戏中居然用接近粪便的颜色画画

而大吃一惊——博客和育儿书里明明说，孩子们特有的纯真和丰富的色彩感会让他们只用手边的水彩颜料就能像杰克逊·波洛克①一样搞出行为艺术。但是，大部分男孩却边上色边涂抹，将色彩混合成在我们看来接近粪便的颜色。而此时，儿子却会一脸兴奋地说："妈妈，我用五种颜色混合出了超级无敌的颜色！"

面对那种妈妈理解不了的颜色，自己却掩不住兴奋，这就是儿子。他不是因为心情糟糕才用黑色，而是天生就对无彩色比较敏感。所以，不能说用黑色画雨或者画其他东西的男孩就有问题。

在外面讲课的时候还有人问我这样的问题："老师，我儿子喜欢的不是黑色，是红色，这是怎么回事呢？红色不是无彩色呀。"

是的，红色不是无彩色。从我的调查结果来看，男孩喜欢红色是因为《超凡战队》中主角的衣服是红色的。一般情况下，男孩如果说自己喜欢红色，从逻辑上分析然后喜欢上该颜色的情况比因为对颜色的感知力较丰富而喜欢上该颜色的情况要多。我们通过仔细观察可以看到，很多时候色感丰富的男孩们会从喜欢的动画主角的衣服的主要颜色开始按顺序涂色。孩子们就是这样，总是超出我们的想象。

但也不能就这样盲目地相信所有男孩都对黑色或无彩色比较敏

① 杰克逊·波洛克是美国抽象表现主义画家。——编者注

感。用某种单一的概念给孩子下定义是很危险的事。

“我儿子喜欢粉红色，这是不是有什么问题？”

答案当然是“不是这样的”。请不要因为大部分男孩喜欢并且常用黑色就感到担心，请不要简单地用对几种颜色的喜好来区分孩子正常或不正常。喜欢粉红色的男孩非常多，而且他们喜欢粉红色的理由就像喜欢粉红色的孩子的人数那么多。

妈妈秘诀

女孩对柔和色彩的感知力较强，男孩天生就对无彩色比较敏感，生物学上就是这样的。所以，如果以喜欢的颜色作为判断孩子情绪的标准，那就是完全没有考虑男孩的身体构造所做的判断。

孩子太内向了/注意力不集中

如果在某方面不够好，那肯定在另一方面很棒，这就是孩子。

世界上的孩子有很多种，有共情能力高的孩子，有自我主导型性格倾向强的孩子，有充满活力的孩子和内向的孩子，等等。在这里我要谈谈有关内向孩子的问题。内向是好的性格还是不好的性格？

很奇怪，人们总是把内向与表达能力弱直接联系在一起。所以，内向这个词被认为是消极的、负面的。因此，它常常被归类为缺点而不是性格倾向。此时，成人们忽略了一个事实——性格内向的孩子往往具有细心、谨慎的特点。如果在某方面不够好，那肯定在另一方面很棒，这就是孩子。

在某些人眼里，充满活力也可能是缺点。以散漫且特别活泼的孩子为例，有人可能会认为他们应该改改那种坐不住凳子的性格。但是我相信他们的这种性格是因为他们想学的、想知道的、想探索的东西太多了。只不过他们想探索的领域实在太广阔，所以才会在需要集中精力做一件事时感到困难。

有一次，一位妈妈来找我，她的儿子经常被周围的人指责散漫，并且被评价没办法集中注意力做一件事。那位妈妈对儿子不是一般的担心。但是，仔细观察孩子之后我发现，孩子并没有注意力不集中的问题。相反，他是个注意力很集中的孩子。他画画的时候，即使周围环境嘈杂，我也能在他身上明显看出这一点。比如他画着画着不小心把铅笔碰掉到地上了，弯腰去捡铅笔，却被地面上的花纹迷住了。他看着花纹，看着看着视线又转移到了漂亮的壁纸上，然后又张着嘴巴向房顶看去。

在我们研究所，我们不把这种孩子称为注意力不集中的孩子，反而认为他们是瞬间注意力很集中的孩子。所以，我在做咨询的时候会向妈妈们传递这样的信息：不应简单地将孩子的状态划分为好还是不好，而应该用更广阔的胸怀接纳孩子，思考培养孩子积极性格的方法。

妈妈秘诀

所谓的孩子的优点和缺点只不过是反映成年人偏见的分类方式而已。孩子比我们认为的更能察觉到这一点。孩子能很明确地感觉到面前的这个人是“看到我的优点想引导我的人”还是“看到我的缺点想纠正我的人”。

有暴力倾向

儿子与生俱来的性格终究会显露出来，只不过在不同时期有所差别而已。如果想改变根本改变不了的东西，那妈妈从第一个纽扣开始就系错了。

“老师，我一想玩推倒乐高城堡的游戏，我妈妈就对我发火。我不知道为什么会这样。”

刚上小学一年级没多久的瑞俊，在和我一起画了会儿画之后噘着嘴气嘟嘟地对我倾诉着他的不满。看到瑞俊的表情，我能理解他的心情，也十分理解他妈妈的心情。看到孩子特别喜欢玩攻击性的游戏，妈妈心里会隐隐担心孩子会不会形成这种性格。有时候妈妈一看到孩子画的暴力图画，脑海中就浮现出了一个暴力青年的形象，于是妈妈就禁不住想要唠叨唠叨。

事实上，男孩的攻击性是有原因的。在胎儿时期，男孩的大脑接受了睾丸素的影响，在这种性激素中就存在着攻击性。因此，从生物学角度讲，男孩天生就带有攻击性，生来就向往胜利。

在一项相关研究中，为了抑制孩子们性格中的攻击性，学校全面禁止躲避球比赛，然而校内暴力指数并未有任何变化。这让我们得以确认，孩子性格中的攻击性并不是需要被改变的对象，而应该被大人们包容。

世界上有几种力量是人力所不及的，其中之一便是自然的力量。无论我们如何努力试图阻挡，儿子与生俱来的性格终究会显露出来，只不过在不同时期有所差别而已。如果家长试图改变根本改变不了的东西，努力再久，也不过是给孩子徒增压力。家长应该做的不是口头上命令孩子停止攻击某人的游戏，而是帮助孩子以正确的方式排解和管理自己的情绪。

有一次，某个初中一年级学生的妈妈联系我，说孩子在学校闯了祸，一定得找我咨询一下。我一般只做小学六年级以下孩子的咨询，本打算拒绝，可是听到那位妈妈在电话另一端啜泣哽咽，我还是给她预约了时间。

一周后，我走进孩子所在的教室，那孩子不但不跟我问好，而且连看都没看我一眼——可以说是目空一切的中二病[①]。这种时候，

① 中二病，指狂妄而又自认为不被理解的人。——编者注

再怎么笑着亲切地跟他打招呼都不会得到回应。孩子浑身上下都散发着不信任大人的气息。在这之前我已经听他妈妈讲过事情的前因后果了。这孩子参与了校园暴力事件，他不但完全不认为自己做错了，反而还觉得很骄傲。别说老师了，他的爸爸与他谈话时，他都不肯开口，只是发火，看起来很难过。他的妈妈说自己快疯了，不明白为什么原本很乖的儿子会变成这样，说着说着就快哭了。我跟着这位妈妈走进教室，开始了和那孩子的谈话。

“你很会打架吗？”

这句话一下子就引起了孩子的注意。孩子看了我一眼，开始兴奋地讲他的“战斗故事”。我放下了要将孩子往正确方向引导的想法，和他聊了很久有关拳击和自由搏击以及搏击技巧的话题。然后我说要教他一些柔道技巧，他请我现场就教给他，甚至做出了准备开始学习的动作。这时，他已经将我当成谈得来的人了。

一定要就孩子参与的具有攻击性的游戏与孩子进行充分的交流，这样才能听到孩子的真心话。他给我讲了事情的原委——别的学校的学生先骚扰他们班的同学，他去帮同学的时候事态扩大了。我问他为什么不对大人们说。他倔强地说，说了也没人会理解他，干吗要说呢？

我与孩子聊了很长时间，然后提议我们一起用锯子锯木头，用锤子锤木头。孩子欣然参与。除了喜欢攻击性游戏之外，他还是个空间感很强的孩子。我建议他以后也可以在生气的时候试试锯木头、钉钉子，并结束了咨询。

让我们走进孩子所处世界的深处吧。如果一边喊着想给孩子带来改变，一边却对孩子的世界毫不关心，那么无论何时孩子都是孤独的。

妈妈秘诀

世界上所有男孩的性格中都带有攻击性，这是雄性的本能。但是，这并不是全部。我们也应该想到，孩子也有隐忍着无法诉说的时候，我们应该多听听孩子的话。

只对攻击性游戏感兴趣

如果儿子因为担心妈妈生气而只在妈妈看不见的地方表现出攻击性，那么在遥远的未来，他会变成什么样呢？

“够了！别玩了！”

就算你因为讨厌孩子玩攻击性游戏而高声呵斥，孩子性格中的攻击性也不会消失。当然，这可以在孩子心里留下“原来妈妈不喜欢这样的东西”的印象，他会暂时不玩攻击性游戏。但是，孩子的性格却不会改变。

“还要我怎么说你才能听话啊？到底要我怎么办？拜托你听话点儿吧！”

惭愧地说，成人们嘴里有时候会冒出一些不太成熟的话语来。在育儿的名义下，要去理解一个与自己不一样的存在，这是多么难的事啊？但是，无论何时我们都要摒弃那样的表现，因为我们是成年人。我知道有时候妈妈们在看育儿书的时候会吐露一些不满。

“说起来容易，真的能做到吗？”

“你现在就是那么教育孩子的？”

听多了专家们说的话，妈妈们会觉得自己被逼得太紧了，类似的气话自然涌向舌尖。我敢断定，写育儿书的专家们也无法完全做到书里的养育方法。至少我认识的几位专家就是这样，他们在专栏里尽情写着赞美孩子的方法，转头却对自己的子女高声训斥。尽管如此，我还是要写这些话。因为如果我们放弃了，我们的责任就要由孩子们去承担。

所以就算难一点儿，也请再忍一忍，试着理解喜欢攻击性游戏的孩子的立场。孩子还认识不到自己在做不好的行为，不过是顺从本能去攻击某个人而已。此时，如果妈妈对孩子高声呵斥，孩子不但不会改正自己的行为，而且会因为自己的本能遭到了否定而产生挫败感。从包容孩子开始做起，通常会收到良好的效果。

“哇哦，今天在做什么游戏呀？在打坏人吗？”

“嗯！我在攻击侵略地球的外星人！”

“啊哈，原来是这样！儿子，保护我们是好事，不过这样攻击别人可不行。”

直接指责孩子与包容孩子而只指责行为本身，二者截然不同。

如果说这是有技巧的，可能听起来会让人感觉太腻烦了，但生活的变化就是在熟悉的事中产生的。成年人要引导男孩，最需要的不是使用各种技巧的要领，而是坚持一种信念不改变，十年如一日地秉持该信念向前推进的自信。

如果心态调整好了，就请试着满足孩子的欲望吧，可以让他和爸爸一起玩枕头大战或者学习运动。

作为一个美术教育专家，我想推荐的是，和孩子一起画带点儿攻击性的图画。和孩子一起画他喜欢的武器，用画对孩子的“机器人手持武器赶走坏人”的涂鸦表示认可。请默默地向儿子传递“妈妈接受你的本能”的信息。到那时，孩子才会倾吐真言。

某些男孩经常很快地画类似涂鸦的画来表现自己脑袋里的故事。如果说女孩画的是名词，那么男孩画的就是动词。我目睹过孩子在这种时候被制止的场景——孩子正在表现脑海里的故事时，妈妈却用人物的形态画得好不好来评判孩子的画。如果孩子画得近似涂鸦了，妈妈应该集中注意力思考一下孩子想表达的是什么，而不是烦恼为什么孩子画得没有去年好。这样，妈妈给孩子的反馈将有所不同：“哇哦！你的画里藏着很复杂的故事啊！”

妈妈秘诀

请和孩子一起画带点儿攻击性的图画。可以和孩子一起画他喜欢的武器，用画对孩子的“机器人手持武器赶走坏人”的涂鸦表示认可。请默默地向儿子传递“妈妈认可你的本能”的信息。到那时，孩子才会倾吐真言。

对第一名过于执着

经常被夸奖或被赋予高出自身水平的期待的男孩无法接受没得第一名的自己。

“啊！妈妈！我没输！不行！呃嗯！”

现在拼命争第一的男孩可真多。

“哎哟，我跟他说了不得第一名也没关系。可是他非得要得第一名。也没人告诉他要得第一名啊。真不知道他为什么这么执着。”

在养育儿子的过程中，妈妈往往要面对儿子的求胜欲望：玩游戏的时候如果觉得自己好像要输了，儿子就算改变规则也要赢，甚至犯规或者哭着不肯认输。看到可爱的儿子为了获胜而做出耍赖或怯懦的行为，妈妈的内心是受伤的。在家里，妈妈还能让着他哄着他劝着他，但是如果这样的事发生在幼儿园或学校里，孩子明显会被小朋友们讨厌。妈妈想到这里，就觉得平时不能一味迎合孩子的喜好了。可是，如果客观冷静地告诉孩子社会的真相，又害怕孩子会太受伤。到底应该怎么做呢?

我通过观察发现，那些拼命争第一的男孩往往会将没得第一与否定自我联系起来。仔细观察这类孩子，我们会发现孩子追求的不是单纯的第一名，而是妈妈的认可。他们想通过竞争向妈妈和身边的人证明自己的存在感。我们甚至可以用执着来形容他们的表现。

这样的孩子在教室里画画时，如果觉得自己没有别的小朋友画得好，就会说:“哎呀，没画好！”然后他可能会把画纸撕掉或者藏起来。这样的孩子害怕被妈妈和周围的人发现自己有做得不好的地方。尤其是经常被夸奖或被赋予高出自身水平的期待的男孩，他们中的很多人都无法接受没得第一名的自己。

“不愧是旼俊啊！”

“哇哦，好聪明啊！”

被过度夸奖的孩子对自我的认识会变得扭曲，最终会失去敢于承认失败的健康心态，会因为担心被排挤而变得惴惴不安。

那么，妈妈应该怎么做呢?或许大家不会相信，对好胜心强的孩子说“不得第一名也没关系”基本等同于对他说“你得不到爱也没关系”。请从接纳孩子的本来面貌开始，减少过度夸奖和期许，改变夸奖的要点。与其在孩子做得好时夸他“哇哦，真棒！你是第一名”，不如在孩子落败时安慰他“虽然输了，但是做得很棒”。

在此时，爸爸可以发挥作用——帮助孩子明白自己哪里做得不够好。爸爸可以试试这样跟孩子聊天，不要说“爸爸像超人一样什么都会做”，而要说“爸爸会这个，但是不会那个，你呢？”这样，孩子就能更客观地看待自己了。这个问题由妈妈来问也可以，但是由爸爸或者能被孩子当作男性榜样的人来问效果会更好。

我认为男孩们天生就像有锋利牙齿的鲨鱼一样——认为只有用锋利的牙齿展示自己的威力才能得以生存。他们需要像鲸鱼一样的爸爸的教育。希望爸爸们能向孩子传递这样的信息：“你看，虽然爸爸在笑，但是爸爸并不认为其他人就是弱者，对吧？这才是真正的强者。”

妈妈秘诀

请减少过度夸奖和期许，改变夸奖的要点。请鼓励孩子即使没得第一名也要开心。成年人需要一种智慧，去告诉孩子没有人能什么都擅长。

害怕失败而不愿尝试新事物

当被过度期待时，人会想藏起自己的不成熟。这是孩子和成年人都有的自然心理。

曾经有个孩子来我们研究所上试听课，我走进教室给了他一些纸并向他提问，以便给他做性格分析。

“你喜欢画画吗？”

“当然喜欢了！我画得特别好！”

他说着就像事先准备好了似的在纸上画了一棵大树。孩子用满足得意的表情看着我，好像在等我夸他。

“哇哦，你经常观察大树啊？那你还会画别的东西吗？”

但是，除了大树之外，孩子没再画别的东西。于是我们不再画画，开始聊天。

“老师，那是什么？那东西怎么用？”

一开始我很冷淡地回答孩子的问话，并等着他的反应。可是孩子好像在避免什么一样，一直努力不让对话中断。如果我试图把话题引回画画，他就会提高音量努力把我的注意力引到别的地方，好像在掩饰着什么。我在性格分析卡上记录好他的表现，重新把话题带回画画上。

“老师可以在纸上画幅画吗？”

“可以。”

这孩子开始变得闷闷不乐，我征得了他的同意之后，在纸上用比孩子稍差一点儿的笔法画了一个怪物——因为如果我比孩子画得好，孩子就有可能不再动笔了，大部分孩子会害怕无法达到大人的期待值。我在画里向孩子画的大树发射了一颗导弹。

“你能阻拦这个吗？”

向孩子画的大树发射导弹，意在引出孩子隐藏在内心深处的话语，这可以向他传递“现在老师不是想要评价你，不是想看你做得好还是不好，只是想和你一起玩”的信息。

这时，孩子才提起笔在刚才的大树前画了一面阻挡导弹的盾牌。我们重新开始画画，画出更厉害的怪物一起发射导弹。等孩子产生了自信之后，我又问他。

“你还会画什么？”

到这时，孩子才开始画其他的东西：挂着导弹的小汽车、载着恐龙的火箭、绝对打不穿的坚固的房子……这个孩子是个被妈妈的积极期待“驯化”了的孩子。孩子想隐藏的东西就是刚才说过的他的真实水平。自己比老师的期待和妈妈的期待要差，他不愿意这样痛苦的事实被大人们发现。

实际上大部分男孩都是这样的。如果被过高地期许，就会战战兢兢怕被人发现自己有什么做得不好。也许奶奶无意中说的一句肯定的话——“哎呀，还是我孙子聪明啊！”——就能给孩子的脸上罩上一张虚伪的面具。

没准儿孩子得意扬扬地画的那棵大树就是他以前画过并被肯定过的。虽然孩子画的时候很自信，露出了知道自己画什么会被表扬的表情，但是面对让自己多画一些的要求，他就忽然怕了。

“画什么他才会夸我画得好呢？”

他一边这样想着，一边转移话题争取时间，直到确信自己能做好。对这样的小朋友，教育者需要做的是给他们“我没有在评价你，你做不好也没关系，实际上我也做不好”的感觉。对于男孩们来说，“被老师和妈妈知道我做不好”这件事带来的创伤和羞耻感比我们想象中更深。

如果孩子犹犹豫豫不肯画画，家长可以先画一幅比孩子画的画还不好的画给孩子看。如果孩子害怕失败所以不愿意尝试什么事物，家长可以依次向他展示失败的样子和接受失败的样子。帮助孩子克服失败和羞耻感的最好的方法就是共情。

“没关系，我也这样。旼俊呀，爸爸在你这么大的时候根本不会做这个，所以每天都很努力。你看现在爸爸就做得特别好了，是吧？”

爸爸的这句话会给孩子带来莫大的安慰。切记，如果认为孩子什么都不懂，一味说些不符合实际情况的表扬的话语，孩子就会渐渐长成不去尝试就逃避的成年人。

妈妈秘诀

当孩子因失败而感到惭愧和羞耻时，请在一旁与他一起体验此时的感受，讲讲自己的失败经历以及赋予孩子勇气的话语，这很重要。

拒绝与妈妈对话

有些男孩很喜欢和朋友、爸爸、老师聊天，但是和妈妈对话就觉得不舒服。

我做过 次咨询，那位妈妈说自己上小学四年级的儿子逃避与自己对话，所以来寻求帮助。妈妈一说话，儿子就开始皱眉。甚至于，同样的话，爸爸说的时候他就很认真地听，妈妈说的时候他就做出非常不满的表情来。孩子很喜欢和朋友聊天，和爸爸聊得也很好，唯独很讨厌和妈妈说话。问题出在哪里呢？

"你好，锡贤。"

走进教室，孩子避开了我的眼睛，盯着地板看，看着有些怕生似的。

"你几岁了？"

“11岁了。”孩子像答简答题一样回答我。

他是那种本来就不喜欢聊天的孩子吗？我想。

又聊了一会儿之后，我发现与其说孩子本身讨厌聊天，不如说是为了聊天而进行的聊天让他感到有压力。他不回答私人方面的问题，但在说到棒球队的时候眼睛亮晶晶的，话就多了起来。聊了一会儿之后，我和孩子开始一起画画和做手工，其间我假装无意间提出问题：

“锡贤，这个世界上你最讨厌听到的话是什么？”

“‘你过来，咱们谈谈’，昨天就听过。”

有句话妈妈们听了会很不是滋味，但是，有的时候儿子真的会对妈妈的谈话方式感到有压力。妈妈运用的谈话方式和儿子想要的谈话方式多少有些差异。

我们开过妈妈座谈会。我把五位彼此素未谋面的妈妈聚在一起，因为一点儿急事，我暂时离开了一会儿。等我气喘吁吁地回来，打算为她们互相介绍的时候，一位妈妈摆摆手说道：

“哎哟，老师，我们已经互相介绍完啦。虽然今天才见面，可是好像已经认识了好几年一样。”

即便此前对彼此并没有一点儿了解，但只要坐在一起就能很自然地畅聊关于孩子的话题以及发生在昨天的事情，并且亲近起来。妈妈们的这种能力好像在生完孩子的瞬间就具备了。

与之相反，当我把素昧平生的五位爸爸聚到同一个场所，暂时离开一会儿再回来时，情况就完全不同。气氛很安静，所有的人都在看手机。由此看来，男人真的很缺乏交际能力。为什么会产生这样的差异呢？

“崔旼俊，过来坐。跟妈妈聊聊天。”

“老公，咱们谈谈吧。”

各种面对面坐下谈话的形式都会让男人感到有压力。没什么事情，就只是相对而坐互相望着对方的眼睛聊天，这种事一辈子和相爱的女友一起做一年就够了。尤其是当妈妈对爸爸，或者妈妈对儿子提议专门空出时间聊一聊时，不管谈什么都会让他们不自在。

但是，就算是看起来缺乏交际能力的男人也有其独有的谈话方法，让我们来仔细观察男人们。即便把他们聚集在同一个地方，让他们面对面待着，他们也不会自然而然地对彼此产生兴趣，更何况现在他们手里有了一种叫智能手机的武器。男人们搭讪的时候一般是这样的模式：

“抽根儿烟吗？”

这里不是要说什么男人都喜欢烟酒的陈词滥调。我想告诉大家的是，男人们在聊天时喜欢的方式不是看着对方，而是一起做些什么。说得再简单点儿，如果妈妈发现“面对面式交谈”行不通，就应该去理解男人们的“并肩式交谈”了。

如果妈妈感觉儿子或者先生特别抗拒对话，甚至宁肯对着空气说话，不妨试试提议“去散步吧”或者“吃点儿冰激凌吧”，而不是“我们谈谈吧”。当“谈话”本身不被作为专门的事情来对待时，男人们也会比较轻松地与妈妈交谈。如果再定好时限，说好要谈到什么时候，就更好了。事实上，妈妈一开始唠叨，儿子的注意力往往就从妈妈所说的内容转移到自己到底要听这些唠叨听到什么时候上了。

这种方法在想教孩子什么东西的时候也一样适用。一般认为，孩子在妈妈通过眼神与其进行情感交流时会产生想要学习的欲望，但并不是所有的孩子都如此。自我主导型性格倾向较强的男孩尤其不喜欢在学习的同时被大人监视。所以，当把男孩按在书桌前时，家长最好不要和他对视，而要在与他保持一定距离的位置提建议。我建议家长们把书桌靠墙摆放，让孩子对着墙做事，这样可以最大限度地将教导的行为藏在后面。

亚历山大·蒲柏说：“教导他人时要使其无所察觉，要把他本不知道的事当成他只是忘记了而已。”妈妈们在教导儿子时应将这句话谨记在心。

妈妈秘诀

当妈妈试图采取面对面聊天的方式时，儿子会想躲开，这是很自然的。与强迫性的填鸭式对话相比，妈妈需要的是掌握用含蓄的纸条管理儿子的要领。

总问我爱不爱他

无论妈妈如何向儿子发起母爱攻势，努力拉近与儿子的心理距离，妈妈的心意还是会有表达不到的时候。

基俊的妈妈来访。基俊总是问：“妈妈，你是不是不爱我？”哪有不爱儿子的妈妈呢？基俊的妈妈回答说：“妈妈当然特别特别爱我的儿子！”再三思索之后，她觉得可能是因为陪伴儿子的时间太少了，儿子才会这样说。于是她果断放弃了自己的工作，开始全身心陪伴儿子。

她想到“你们愿意人怎样待你们，你们就要怎样待人”这句话，在思索应该给儿子怎样的爱时，想起了自己小时候的感受。于是，为了把自己曾经很想获得的爱给儿子，她开始坚持每天写信。信的内容一般是这样的：“儿子，妈妈每天都爱你。”

但是，无论妈妈如何向基俊发起母爱攻势，努力拉近与基俊的心理距离，基俊还是反复说："那妈妈也还是不爱我！"这位妈妈拜托我看看到底是哪里出了错。

我和基俊走进了教室。我给了他一些需要填写的材料，然后开始观察并记录他的行为和经常写的句子。就这样过了一个小时，基俊写的次数最多的句子是这样的："老师，我比别的小朋友做得好吗？老师，我是第几名？"

如果以这个问题为基础推测基俊的性格，他的性格会是什么样的呢？我推测并假设基俊获得认可的欲望比其他孩子更强烈，然后与基俊的妈妈开始了谈话。在我们坐下来准备开始谈话的刹那，门被砰的一声推开了，基俊走了进来。"妈妈！你看我这个！超级棒，是不是？"

基俊的妈妈有些慌张，说道："嗯，很好，很好！所以你先出去待着。"

孩子再次强调着问道："妈妈！我真的做得很好吗？你说过我比其他小朋友做得好！"

"嗯，做得好！不过，妈妈是不是告诉过你，不是只有做得好才重要？"

"不是，不是！不是这个，我问你我做得有多好！"

"特别好！不过，妈妈是不是说过，不要太计较输赢？就算我们基俊做得不好，妈妈还是无论何时都爱你。”

“不是！妈妈，你是不是不爱我？”

妈妈付出的爱是无条件的爱，而基俊想得到的爱是名为认可的爱。我们是不是在很多方面都只是以自己的方式爱着对方呢？看到母子二人的相处方式，我脑海中浮现出这样的问题。

妈妈们来做咨询的时候一定会说这样的话——自己为儿子付出了很多努力，却收效甚微或者反而把状况弄得一团糟，真让人担心。有时明明是想帮儿子画他觉得难画的画，结果儿子却发起火来；看到儿子学骑自行车学得很吃力，于是费尽心思教他骑车的技巧，可是他却跟妈妈闹起别扭来。

此类情况发生的根本原因是妈妈没有考虑到儿子的立场，而仅以妈妈自己的方式在表达母爱。因为画不好画而纠结的儿子需要的不是看到妈妈比自己画得好，而是听到妈妈的鼓励：“到现在为止你已经做得够好了，而且你还能做得更好。”因为努力学骑自行车而发出吭哧吭哧的声音的儿子需要的不是妈妈的讲解，而是得到在妈妈面前表现自己做得有多棒的机会。这种时候，妈妈只要继续耐心等待就行了。

来自金星的妈妈在用自己的方式对待来自火星的儿子时，经常遇到一脚踩空的情况。但是没关系，只要妈妈坚持与孩子沟通，踩空的次数就会逐渐减少。

妈妈秘诀

请不要试图用成人的方式爱孩子。只要认真思考孩子真正想听的话是什么，就能立刻将儿子空虚的心填满。

孩子总是单方面挨打

在谈到有关男孩和女孩的普遍话题时，我总是很小心谨慎。因为我经常会在工作中遇到性格内向的男孩。

“我的儿子很让人费解。一般男孩都是说‘因为这样所以那样’，很有逻辑性。可是我的儿子却总是很情绪化地说‘因为这样所以就这样了啊’。一般男孩不这样吧？这是什么原因呢？”

普遍来讲，女孩在对话时比较感性，而男孩相对理性。所以，从性格上来讲，女孩比男孩更不能接受体罚。有不少男孩更愿意挨一顿打了事，而不愿意听人一直唠叨。而女孩大多会认为体罚是妈妈的一种感情表达，并因此而伤心。所以也有这么一种说法，对男孩可以进行轻度体罚（请注意这里的程度），而对女孩则不能体罚。

但是，这种说法并不适用于所有孩子。如果所有男孩都是理性的，所有女孩都是感性的，那妈妈们就不会这么迷茫了。十个孩子，十个都不相同。所以，育儿是没有标准答案的，说“儿子是这样的”，反而会使家长在对孩子进行观察时被混淆视线。

因此，在谈到有关男孩和女孩的普遍话题时，我总是很小心谨慎。这是因为，如果错误地传播男孩在感情方面比较不敏感这种说法，就可能会将性格敏感的小朋友推到非正常的方向上去。再加上，我通过工作中遇到的情况发现，近来性格内向的男孩明显增多了。

“当精力旺盛的小朋友欺负我家孩子的时候，我应该怎么办呢？看到孩子一声不吭地被别的小朋友推推搡搡，我心里真不是滋味。让他坚决干脆地去跟人家说一说，他却说‘我们是朋友，没关系的’。我简直没法理解。”

我小时候也是那些被小朋友们欺负得哼哼唧唧的男孩中的一员。有一次，我在市场里被米店老板家的儿子打了，一回家，妈妈就把我赶了出去：“你怎么像个傻子似的只知道挨打啊？你也去打他们！”妈妈是有多心疼才会让我去打人呢？这虽然是妈妈为了锻炼我的胆量而采取的特殊举措，却让我陷入了更大的恐惧。妈妈说，不管是让朋友给我道歉，还是我从此跟朋友绝交，总之事情没解决就不许回家。我委屈而茫然地在小区里哭着乱走。我不是会打人的孩子。

有特别多的妈妈因为孩子总是被欺负，就试图教孩子反击的办法。但是，对于那些从性格上来讲根本做不到反击的孩子来说，“你也别只被欺负，你也去打他”这种话其实也是一种暴力。这样反而会让孩子因为必须反击别的小朋友而产生更大的压力。

而且，如果孩子没能像妈妈教的那样去反击其他小朋友，他以后就可能认为自己是一个胆小怕事的胆小鬼。每当孩子回避打架时，就会错误地产生罪恶感。

那么，遇到这种情况，我们该怎么办呢？还是那句话，接受孩子的性格才是最佳办法。并且，无论在什么情况下都忍耐着不使用暴力，这是应当被称赞的事。如果孩子为不能使用暴力面对问题的自己感到羞耻，他就再也不会对妈妈说同样的事了。在孩子闭口不言的那一刻，我们的危机就来临了。让我们来找一个方法，让孩子理直气壮地认为无须以暴制暴吧。

例如，避免可能引起争斗的情况。妈妈教给孩子诀窍使他避免成为喜欢惹是生非的小朋友的目标。在孩子避开争斗时表扬他，叮嘱他发生此类事件时一定要告诉妈妈。只有当孩子灵活地避开争斗，并且没有因此产生“我是胆小鬼所以才躲开”的想法时，他才会向妈妈诉说。事实上，这种能力更接近于长处而非短板。想想吧，这种具有从容避开争斗的气质的男人在长大后该有多帅啊。

但是，无论如何谆谆叮嘱，幼小的男孩的世界依然像塞伦盖蒂平原[1]一样。无论妈妈做了多么完备的准备，儿子还是会经历很多次令妈妈心悸不安的历练。或大或小的矛盾和争斗是无法避免的，也是妈妈无法代替他去经历的。

如果遇到小矛盾也找妈妈来解决，儿子当时是畅快了，日后却会成长为一个无法自立的人。当然，如果事态非同寻常，妈妈就应该趁早站出来。为此，最重要的就是营造一个让孩子能够放松地向妈妈倾诉的氛围。不要忘了，从妈妈与儿子间的沟通渠道被切断的那一刻开始，危机就随时会降临。

妈妈秘诀

“你也别只被欺负，你也去打他”这种话其实也是一种暴力。这样反而会让孩子因为必须反击那个小朋友而产生更大的压力。请接受孩子的性格，教给孩子避免争斗的方法。

① 塞伦盖蒂平原上的动物有每年大规模迁徙的习惯，而“塞伦盖蒂”在马萨伊语里的意思是“永远流动的土地”。——编者注

第三章

怎样才能和儿子好好交流

接受孩子的本来面貌

即便是同父同母的孩子，老大和老二也不会一样。就连同日同时出生的双胞胎性格也是不同的，当然也就不存在所谓的“世界上的男孩皆是如此”的断言。

“将男孩和女孩的性格区分开来这种行为本身就是偏见，是落后于时代的想法！”

给儿子穿粉色裤子没什么不好。但是，如果是因为执着于平等教养的强迫性思维而湮灭男孩的固有思维方式和力量，那就会成为另一种偏见和暴力。

男孩在会走路之前就会被挖土机玩具吸引，这不是他在社会上学到的。男孩和女孩的大部分性格倾向在出生时就已经定型了。男孩到了 5 岁就会对着空气挥拳头，玩正义勇士的游戏。这不是因为他在游乐场看见邻居哥哥玩过，也不仅仅是因为无敌金刚战士之类的暴力性影视形象的影响。就像我们看到孩子的时候会自然而然眉头舒展露出笑容一样，男孩天生就有那种想做勇士的本能。请在脑海中想象一下从来没看过《魔幻车神》漫画的孩子一边念叨着从幼儿园小朋友那里听来的小汽车的种类，一边玩小汽车玩具的场景吧。

在这里，妈妈们要有一种认知，那就是有些男孩特有的本能是妈妈难以理解的。妈妈们应该承认这一点，并且打心眼儿里接受这个事实。儿子天生就是这样一种存在。

儿子在幼儿园和学校里要与在很多方面都比他们反应更迅捷的女孩子们展开竞争，早早地就认识到人生比想象中还不易的道理。所以，请妈妈做好儿子温暖的大本营吧，让他在艰难的世上有个可以倾吐一切的地方。

要想给儿子温暖的爱，我们首先要做的就是接纳儿子的性格。委屈的时候闭口不言或者眼泪汪汪，于是不能明确表达自己的态度——这样的儿子，能看透并理解他的人就只有妈妈和爸爸而已。

即便是同父同母的孩子，老大和老二也不会一样。就连同日同时出生的双胞胎性格也是不同的，当然也就不存在所谓的“世界上的男孩皆是如此”的断言。尽管如此，我还是要说一说儿子到底有多不一样。这是为了让妈妈们正确理解“我认识的儿子”并非“我想象中的儿子”这一点。

有件事妈妈们需要弄清楚——我们的儿子有很多地方比不上妈妈的想象。不如妈妈想的那么正直，出乎意料地讨厌洗漱，在比自己强的人面前怯懦，对待弱小的朋友的态度也还不成熟，考不上知名大学的概率很大（我的意思是孩子能考上当然好，但是妈妈请别抱太大的期待）……

如果妈妈对孩子心存错误的想象和期待，无法接受孩子的本来面貌，那么孩子将无立足之地。每当我在教学现场看到为了满足妈妈的过高期待而苦苦挣扎的孩子时，总是无法掩饰自己酸涩的心情。

先给孩子 100 分，然后每当孩子失误的时候就扣分，我们称这种方式为减分制教育方法。相反，先给孩子 0 分，然后每当孩子解决了什么问题的时候就给分，我们称之为加分制教育方法。许多孩子都守不住预先从妈妈那里得到的 100 分。

“老师，会不会我家孩子其实非常有潜力，但是因为我没引导好，所以他的潜力没被开发出来呢？”

这是有可能的。但是，请小心地把期待藏在心里，别让孩子察觉出来。

“旼俊呀，妈妈希望你是这样的孩子。”

妈妈的期待表露得越明显，孩子就越不能按照自己本来的样子成长。因为男孩越渴望得到认可，越会因不被妈妈肯定而感到受挫和痛苦。

如果真心想理解儿子，就请放下过高的期待和普遍论吧。当你用心观察儿子的性格时，你才能真正地理解儿子。

妈妈秘诀

如果妈妈对孩子心存错误的想象和期待，无法接受孩子的本来面貌，那么孩子将无立足之地。为了给孩子温暖的爱，为了理解孩子，让我们接纳并正视孩子的性格。

教他适合自己的表达方法

大人会犯假装看不见孩子的不当行为的错误。这时候，孩子会觉得自己没得到认可，当然也就难以敞开心扉表达自己了。

有一次我去墨西哥旅行，因为酒店方面的错误而遇到了点儿问题。我预订的分明是能看到海景的房间，可是酒店给我留的却是其他的房型。我表示了抗议。如果是在韩国的话，我肯定能平静地说清楚，很好地解决问题。但是我英语不太好，没能顺畅地交流，花了很长时间也没能解决问题。我郁闷极了。

不管是谁都会有类似的经历。我想说的其实是一种体验——当对方不能理解自己的意思时，虽然事情很小，但不舒服的情绪会被渐渐放大。

在教室里与男孩们聊天时，我发现男孩们经常在家里和学校里体会到我们在国外因为语言不通而感受到的那种郁闷。男孩的语言能力发育天生就比女孩平均落后 1.5 岁，在坦率地表达感情方面稍显笨拙。所以经常发生儿子因为感觉委屈而哭泣或先挥出拳头的情况。

有一次，小学三年级的栋现和比他小 1 岁的弟弟——正在上二年级的容硕一起踢足球，踢着踢着，栋现号啕大哭起来。那一天，栋现说想让我看看他踢足球的样子，我们利用休息时间一起去外面，就碰到了容硕。栋现平时是个很善良很喜欢足球的孩子，因为那天太想让我看到他的实力了，于是也不传球给容硕，只顾着自己踢。

问题始于容硕说自己踢不到球于是踩了栋现一脚。这本来是孩子们之间经常发生的事，我就轻声地责备了容硕几句。然而正在这时，我身后的栋现突然发起火来。我板着脸说了几句“不可以这样”之类的话，他立刻就哭着大喊大叫，甚至开始说脏话。我从来没见过栋现这个样子，他的这种爆发式涌出的愤怒令我十分惶恐。我赶紧试图平息事态，开始训斥栋现和容硕。如果是在平时，栋现会认识到自己犯了错误，马上停下来。可是那天他得是多委屈啊，就算我制止他，他还是在喊叫、收不住火气。说话有点儿慢、表达力有点儿欠缺的栋现可能是筋疲力尽了，回家的路上，他甚至瘫软地跌在地上坐了一会儿。

还有过这样一件事。正宇的妈妈说正宇喜欢暴力游戏，所以她来寻求咨询，咨询的主题是孩子会毫无理由地发脾气和流泪。

“老师，这孩子经常因为很小的事情就发脾气，还爱哭。有一次，好像是有块乐高积木找不到了，他马上就很生气，还哭了出来。每次我都训斥他，让他不要哭，但是他总因为一些我没法理解的事生气，这种时候我都不知道该说些什么。”

自我主导型性格倾向较强的男孩在事情不如意的时候就会发脾气，这种情况屡有发生。

为了对正宇进行细致的分析，我带他去了教室。进去之后，正宇摸着教室里的剑、刀和长矛等武器玩具，看着这些东西的时候眼里带着艳羡。我打算在正宇观察其他小朋友制作的玩具刀的时候告诉他制作方法，然后和他一起动手制作。但是一开始，我很小心地与正宇聊起了和这个完全不沾边的话题。

“老师，幻影忍者我全都认识。可是我在家玩幻影忍者的游戏的话妈妈就会很不高兴，所以你要替我保密哦。”

孩子好像觉得自己的样子并没有完全得到妈妈的接纳。这种事情屡见不鲜。有时候当妈妈看见孩子做出自己认为不好的行为时，接受不了那种情形，于是干脆就闭上自己的眼睛。我把这种行为称作“部分接受”。妈妈的这种部分接受很难给孩子带来好的影响。

我抽出一张纸给正宇，他随心所欲地在纸上画出了自己想画的幻影忍者。我还让他在画中表现了幻影忍者互相争斗的样子，并跟他妈妈说，即便是用这种方式，也请让正宇有机会释放自己的本能。在那之后又过了三个月，我偶然遇见了正宇的妈妈。她跟我说正宇现在看起来平静多了。

当然，我们很难将正宇发脾气又爱哭的原因归总成一条。但是，不完全接纳孩子本来面貌的行为只能给孩子带来负面影响。即便是在简单的绘画活动中，帮助孩子表达他的真正意愿也可以带来相当程度的积极影响。自身的本能不被主要抚养人认可的体验会给孩子带来难以承受的挫折感。

不能尽情地向对方展示自己，对孩子来说是极大的灾难。我们在与他人的接触中感到有压力的原因，不正是类似的沟通方面的问题吗？正如身体需要排泄一样，通过健康沟通实现的精神发泄也是经常要有的。不管是眼泪还是聊天，我们和孩子都需要适当的精神发泄。窃以为，美术游戏能承担这样的角色。

我不是在主张一定要教儿子美术。我想说的是，不管通过什么方式，都一定要培养孩子具有适当的表达能力。

女性——无论是孩子还是成人，都能通过聊天缓解压力。但是大部分男性无法通过聊天将内心深处的欲望完全释放出来。各种问题研究所的所长、《男人的东西》的作者金正云教授说，掌握不了沟通方法的韩国成年男性一般用喝酒来缓解压力。这是学不会恰当表达方式的男人们的令人遗憾的现状。

我推荐妈妈们教表达能力弱的男孩们用画画或做手工的方式来表达自己的情绪。但是，这里有一个前提条件——必须确认这是适合儿子性格的表达方法。

请放下迄今为止我们所知的一切传统的和成年人易于看懂的表达方式，思考一下什么是适合儿子的表达方式吧。

妈妈秘诀

幼小的男孩也有藏在心里的话。请陪孩子一起玩能让他放松的游戏，让孩子得到心理上的发泄吧。

妈妈需要确立自己的教育哲学

育儿的终极目标是引导孩子成长，使孩子能在自身的想法和情感基础上与身边的人进行顺畅沟通。

“老师，说实话，我上学的时候美术就不好。我做梦都不敢想教儿子美术的事。哈哈！”

教授某种东西总是很难的。即便是美术基础好的妈妈也会觉得教儿子画画很难，对上学时就不擅长美术的妈妈来说就更难了。说到儿童美术，我们最先想到的就是五彩斑斓的色彩以及毕加索式的神秘情感。实际上，会画出这种画的孩子能有多少呢？直白地讲，一般我们面对的孩子的画作并没有想象中的那么好看。它们并不五彩斑斓，反而更接近灰暗。线条和线条连不起来，图像飘忽，好像要上演某人即将死去的耸人听闻的故事。在教孩子什么东西之前，请先降低我们的期待。期待会成为抑制孩子天性的因素。

如果决定教男孩美术，就不能把美术当作传授“画得漂亮的技术”的课程，而要将它看作能让孩子有效表达自己想法和情感的工具。要将美术游戏视为帮助孩子与身边的成年人顺畅沟通的窗口，并由此着手。

在开始美术游戏时，妈妈对儿子说的话不应该是“画漂亮点儿”，而是“玩得愉快点儿”。

当我们努力教孩子美术的时候，孩子可能会逃开不肯好好学。可是当我们不打算教的时候，他们却很有学习热情。因为表达不是教出来的，它需要的是引导。

大家可能会怀疑这种教育哲学在教孩子时是否确实有帮助。我可以断言，如果妈妈的教育哲学变得再柔和一些，孩子就会展现出我们想象不到的一面。通过那样的面貌，我们可以解读孩子潜藏的可能性。所以，这样的教育哲学真的很重要。我认为即便百般强调也不为过。

我把为男孩的妈妈所做的演讲的内容以文字的形式放到了网上，借此，我与更多的妈妈有了更多的交流。我每天都会实时查看妈妈们的各种各样的烦恼，以及可以从中解读到的共同点。从中我获得了很多认识，其中一点是，与明确树立自己的育儿思考和育儿哲学相比，心急的妈妈更想要的是专家的育儿秘籍。

当然，我可以分享经验，也可以通过举例给出提示。但是，教育是不应该有秘籍的。再怎么没有阅读的时间，再怎么琐事缠身忙于生计，妈妈也必须重视确定孩子的教育方向这件事。

排除不懂人情世故的秀才给出的掉书袋似的建议，从更切实际的节约时间和优化育儿效果方面来说，在教育孩子之前，先将自己关于育儿的想法整理清楚，这个过程很有必要。这与照着网上找到的信息做辅食有根本性的区别。做辅食的时候，不管我们是疲惫还是开心，只要用同样的材料照着食谱做就能做出差不多的东西来。可教育却不是这样。虽然孩子从我们准备好的美术材料和我们所说的绘画方法中也能学到东西，但是还有些东西比这更重要。包含在语调和话语中的感觉和想法，对孩子突然提出的问题的灵活应对，以及看待孩子的眼光，都在教育中起着决定性的作用。如果只是原样照搬书中的美术游戏，那么再怎么模仿都只会收效甚微。究其原因，就是没有重视教育者的心态和灵活应对。

所以，虽然连锁餐厅能用相同的材料和配方做出差不多的味道，但是连锁学习机构很难通过统一教材实现同样的教学效果。

这一点从教育者的培养过程上就能知道。在成长男孩美术研究所运营初期，无论我们怎么统一教材，制定教学指导手册，当我去听别的老师的课时，心里总是充满遗憾。面对不同的孩子，提出建议时应该有不同的方式，引导谈话的方式也应各有不同。每当这时，我就感觉传授教学方法是有局限性的。那时我还不知道，与在课上使用相同的材料和授课方法相比，贯彻统一的教学思维才更重要。

现在，为了培养一位教师，我会投入超过一个月的时间。与教学要点相比，我会优先告诉新老师分析孩子、树立教育哲学，以及在其他人面前花 30 分钟时间谈论一名孩子的方法，就像某项传统一样。这种方法取得了超出预期的效果。因为老师们形成了自己独有的教育哲学，于是对待孩子时的态度发生了变化。

有一次，我给一位男老师上教师培训课，他有一个 5 岁的女儿。他是美术专业出身，所以技术上学得很快，但是在引导孩子方面遇到了困难。我静静地观察了他指导孩子时的情形，发现孩子的表情很僵硬，嘴闭得紧紧的，跟着老师的指令画太极旗，就像一台正在运行的机器。“那是孩子本来的样子吗？”我建议这位老师先暂时退后，把主动权交给孩子。并且，我在孩子画过的纸旁边画了一只章鱼怪，然后观察孩子的反应。

不出所料，孩子的表情与之前完全不同了，他一边念叨着自己的想法，一边画了起来。前者仅仅是教，而后者是引导。良好的教育不是直愣愣地用力去教，不能每次都画只章鱼怪放在那里然后就等着观察孩子，而是应该确切地知道什么时候应该做什么。能做到这一点的教师和做不到这一点的教师之间的差别就在于，教师个人在教育上是否有明确的方向性。看着孩子的眼睛，深入孩子的内心，自然就知道孩子需要的是什么了。有些人将这称为爱心，而我更愿意称之为个人教育哲学的确立。

个人认为，妈妈们最需要的不是良好教育的秘籍，而是确立自己的教育哲学。如果想在家里复制某位知名人士或者专家的高质量教育，我们就一定要解读他的思想，当然，这要求我们首先赞同他的观点。

妈妈秘诀

用同样的食谱做菜，不同的人做出来的味道也是千差万别的，育儿也是如此。第一重要的是对孩子的理解，第二是成年人对待孩子的心态。如果妈妈做到了正确分析孩子的性格，那么孩子和妈妈的烦恼就都容易解决了。

尽信书，则不如无书

妈妈们从书里写的针对男孩的问题诊断和解决方案中获得了希望。但是，更多时候她们遇到的情况与书里写的不一样。

“这些我都不需要，您就告诉我怎么做就行了。”

层出不穷的书和讲座都在忙着告诉大家各种行动纲领。但是，为非特定的多数人而制定的普遍性育儿方法不可能对所有人都适用。

书里说，在到处闯祸又很固执的孩子身上用“纸条训导法”能有效纠正孩子的行为。可是自己儿子却完全不吃这套，反而愤怒发火。于是妈妈们感受到了双重背叛——一重来自儿子，一重来自她们信奉的育儿专家。

尽信书，则不如无书。

教育理念的共享与行动实践是育儿的前轮和后轮，少了哪个，育儿这辆马车都不能走上方向正确的道路。在我们这个时代，育儿方面最大的误区就是不进行教育理念的共享，以忙碌为借口一味只追求行动方法。事实上，比以什么方式去说和做更重要的，是以什么思想和心态去说。很多妈妈非要在什么思考和情感交流都没有的状态下跟孩子说“给，去画画玩吧”，然后发现什么事都不会发生。

“我照着老师在博客上写的方法做了，但是这对我儿子一点儿作用都没有。”

我看到很多人因为看了与育儿有关的博客——不一定是我的博客，出于好奇学着做美术游戏，然而结果并不如意，这令他们感到很挫败。如果孩子会像我们预想的那样行动的话，抚养孩子就不会那么难，育儿书也不会如此多了。

“瑞俊啊，妈妈在瑞俊的画旁边画点儿东西可以吗？”

“不，不要。”瑞俊坚决地拒绝。

“好……”妈妈感到挫败——博客里不是这样写的呀。

博客里写的明明是如果问孩子可不可以一起画画，孩子会表示同意。可是实际上，断然拒绝的孩子也很多。事先没能了解到这种意外状况的妈妈无比慌张，因为她们脑袋里只存在“像博客中的妈妈那样和孩子一起愉快画画玩耍”这一种答案。

如果你看了本书，打算教孩子点儿什么，但是结果和书里写的不一样，请不要纠结，学会坦然面对很重要。此时有一种训练能起到作用——如果妈妈在看到孩子的行为时产生“我该怎么做”的想法，就不带感情色彩地在纸上如实写下当时的情况。

“我想跟他一起画画，可是他说‘不要’。”

孩子不按育儿手册上写的内容行动，这不是“问题”，这只是让我们能更了解孩子的“线索”而已。我们在教育上犯的所有错误都起源于我们的“孩子会这样”或“孩子应该这样”的偏见。

按书进行的教育之所以可怕，有两个原因：一个是对无法预测的孩子进行预测，另一个是当结果与预测的不一样时，轻易把失败归咎于孩子或妈妈自身。正确答案这种东西就是这么可怕。答案存在的瞬间，错误就同时存在了。但是孩子是不会错的，只是不同而已。

妈妈也完全没有必要因为孩子不按手册行动而自责。我们应该承认，孩子就是被设计成了不按大人意愿行动的样子。希望我的这些话不会也成为一种答案，不会使妈妈感到不安。

妈妈秘诀

每个人都曾经历过因为“人生手册”而感到心累的时刻。正如不是所有人都会达到同样的高度，得到同样的结果一样，对儿子的教育也是如此。

慎用表扬贴纸

“为了妈妈”这样的学习理由根本就不成立。

如果妈妈陪儿子一起玩破坏图画的游戏，会取得这样的效果：孩子投入到自己感兴趣的事情中，时间长了也不觉得厌烦，而且能通过自由表达来缓解压力。因为当孩子自发地去表达时，他就会进入意识不到别人存在的状态，所以基本不会发生抗拒自己内心深处情感的情况。这可以起到提升自尊感、培养自尊心的效果。让儿子体会到彻底投入的乐趣和毫不掩饰地表达自己的乐趣是极佳的选择。

那么，有没有与此相反的情况呢？当然有。如果看得见的物质奖励变多了，孩子就会失去方向。因为孩子会认识不到画画是为了他自己，而会认为画画只是为了服从妈妈和老师的要求。为妈妈学习的孩子走不远，以往的努力终会搁浅。

如果你出于让孩子坚持做某件事的心理，经常用物质奖励诱惑孩子，请马上停止。这种行为无异于坐在船上喝海水，虽然暂时可以止渴，但马上就会更渴。

表扬贴纸能非常短暂地起到引导孩子行为的作用，但是也剥夺了孩子能从做事中获得的真正乐趣。这与吃饭是一个道理——吃饭本来是孩子的本能，可是如果妈妈一到吃饭时间就给孩子物质奖励，那总有一天孩子会用“我不吃饭”来威胁妈妈。这不是因为孩子天生品性不好，而是因为每当孩子吃饭的时候，大人就给他灌输无言的信息：这是为了妈妈吃的，吃饭是件很累的事，所以吃了饭就给物质奖励。

物质奖励会使孩子感觉自己一个人做事比与别人配合更舒服。因为如果孩子总坚持认为自己做的事应该得到物质奖励，那么他就很难理解有些时候需要无偿地为他人付出。

如果想让孩子变得讨厌某件事情，只要每次在孩子做该事的时候给他表扬贴纸就可以了。假如每次孩子画画的时候，大人都给他贴纸，虽然短时间内孩子会很喜欢画画，但是此后如果没有贴纸和奖励，他很可能就不愿意画画了。妈妈常常在孩子学习的时候给他表扬贴纸，孩子就会产生学习是为了妈妈的错觉，然后在某个瞬间用“不学习”来威胁妈妈。因为之前孩子一直是为了妈妈而学习的。

妈妈秘诀

如果看得见的物质奖励变多了，孩子就会失去方向。表扬和物质奖励会让孩子把所有自己本就应该做的事当成与自己无关的事。

执着的孩子探索能力强

执着于一件事的孩子当然使人担心。但是，我们也可以说这样的孩子可能很富有探索精神。

通过让孩子们尽可能放松地画画，我们可以得知孩子对哪个方面感兴趣，会往哪个方向开动脑筋。孩子在周围没有别人的地方，在毫无压力的情况下画出来的画无疑是最坦诚的。

从孩子的画中，我们能一目了然地看出孩子见得最多的东西和印象最深刻的东西。长时间地观察这些东西，就能知道孩子的兴趣点在哪里。例如，对电梯或门环感兴趣的孩子经常会画与电梯和门环原理相似的东西，或是喜欢类似的东西。在开始教孩子之前，我们应该先使其充分地表现出自己感兴趣的方面，这很重要。

道润是个话多开朗的孩子，他对电梯、数字和门环非常感兴趣。他妈妈说，道润 5 岁左右的时候整天都在反复地做开门关门的动作，甚至让人怀疑他是不是得了自闭症。道润当然不是自闭儿，他是个很聪明的小朋友。但是他表现出了这样的倾向——除了自己喜欢的事物之外，他很快就会对其他事物失去兴趣，而且注意力不集中。如果提议让他画点儿什么，他就会把话题扯到别的方向上去，说“没意思”什么的。

因此，我们在教道润东西之前，先让他尽可能地反复地画他最想表现的电梯和按钮等东西。

还有些孩子，他们能从书写既定的文字中体会到乐趣，但在我们提议画幅画的时候，他们还是只写数字或字词，或者画符号。这些孩子不是有问题，我们可以这样看——他们只是还不会通过创作来表现自己觉得新奇的事物，或者觉得这很难。

我们要开始画画了，他却开始写文字“防、金、火”，然后用这些字来组成画。对这个问题，我们应该持否定的眼光去看吗？当然不是，这也属于美术的范畴。重要的是先了解这孩子是什么样的性格，害怕什么东西。这个小朋友对创作感到恐惧的可能性很高，这是很多成年人也有的问题。如果让妈妈们在白纸上随便画东西，相当多的妈妈会觉得为难。认为害怕创作的孩子有问题，这种观点才真的有问题。对这类孩子，我们不能强迫他必须创作，应该让他照着模板画或者让他画重复的花纹，先使他对美术产生亲近感。

另外，这类小朋友的逻辑性思维比较发达的可能性很高，家长可以引导孩子养成从原理和逻辑角度进行说明的习惯。

我们再来谈谈常以人物为主进行绘画的孩子。一般来说，男孩们在绘画时对事物的兴趣比对人物的兴趣浓厚，在表现人物时也多将注意力集中在动作上，而非表情上。但是，有一部分男孩喜欢在画中表现人物表情和人物情感。可以推测，这类孩子比一般的男孩拥有更强的共情能力。正如前面说过的，孩子们一般会在画中画自己观察得比较多的东西。可以推测，不怎么在画中画人物表情的孩子平时用在观察自己喜欢的玩具恐龙或小汽车上的时间，要比他用在观察妈妈的脸或妈妈的情绪变化上的时间多得多。

与之相反，不管画什么都会画到人物表情的孩子，他们很可能经常观察并感知妈妈通过表情流露出的情绪变化。对人物兴趣浓厚的孩子在画小汽车或云彩的时候也会画上面部表情。这类孩子大多比其他孩子更会照顾和观察他人的情绪。这时，指导孩子的教师应该努力做到不用语言操控孩子。这样，孩子才能意识不到他人的目光，找到自己的真实性格。

渴望得到认可的需求较高或憧憬美好的孩子大多爱画看起来很强大的恐龙和龙。如果在孩子的画旁边画上大小相似的恐龙或更大只的恐龙，观察他的反应，应该可以找到能够深入了解孩子性格的线索。老师或者妈妈可以在旁边画上比孩子画的东西稍微再大一点儿的东西。如果孩子过分在意对方的画，并想画更大的内容，或者因为妈妈画得更大或画得更好而失去兴趣的话，老师在编班的时候就有必要首先考虑孩子性格中的渴望得到认可的需求和求胜心。因为如果把孩子和比他厉害的小朋友放在一起，孩子可能会变得意志消沉或盲目模仿其他小朋友。

还有些孩子会反复多次画特定的主题。在男孩中，长时间反复画小汽车、僵尸和自己喜欢的卡通人物的孩子相对较多。我们说这类小朋友属于探究能力较强的类型。与一般的小朋友相比，这类小朋友的性格中包含的投入一件事里出不来的倾向更为强烈。有个叫泰成的孩子就是这样。

泰成是个对泰坦尼克号很着迷的小朋友。6 岁的时候，他就要赖让妈妈用影碟机不断给他重播泰坦尼克号沉没的场景。泰成很特别，他是在观察船只沉没的过程中表现出了孩子特有的探索能力。在教育这类小朋友的时候，应该尝试培养孩子本身具备的探索能力。

稍有不慎，探索能力就有可能被误认为是“偏食”（固执地抓着自己喜欢的东西不放）。大人应该做的是认可具有探索能力的孩子的潜能，并积极努力地给予引导。

引导探索能力强的孩子的方法之一，是先找出探索能力出现在孩子喜欢的主题中的哪个部分。喜欢小汽车的孩子也并非都喜欢小汽车的同一个方面，有的孩子只为小汽车的轮胎着迷，有的孩子只为小汽车上的车标着迷，有的孩子相信小汽车能生出人来，还有的孩子只为小汽车的速度着迷。如果没找出这些部分，认为孩子只是单纯地喜欢小汽车，就很难令孩子本身具有的性格倾向发展成能力。

相反，如果找出了孩子为小汽车的哪个部分着迷，那么确定孩子的兴趣点也就不那么难了。例如，对于为小汽车车轮着迷的孩子，可以引导他对有更多车轮的火车产生兴趣；对于为小汽车的速度着迷的孩子，可以引导他将兴趣放到赛车上。但是，如果大人弄不清楚孩子对哪些部分有明确的兴趣，就可能错误地认为孩子只是“偏食”而已。

这种情况不仅表现在美术中，孩子的探索能力在成绩上也有所体现。在对数百名具有较强探索能力的孩子进行观察后，我们发现他们的成绩表现为不平均型——自己喜欢的科目和不怎么喜欢的科目成绩偏差比较大。举个例子，我们指责语文不好但在数学上很投入的孩子所犯的错误时，一般是这样说的：“儿子，你语文不好数学好，所以先把数学放放，多学学语文吧。”

妈妈只是想对孩子不足的部分多关心一下而已，但是对于探索能力强的孩子而言，妈妈的这种建议会挫伤他们的积极性。因为探索能力是天生的特质。

如果你的孩子探索能力强，那你就不应该强迫孩子在自己不擅长的科目上过分投入，而应该鼓励他投入到他已经表现出一定程度兴趣的领域中去。所以，我想给出的建议是，努力引导孩子在某方面超越同龄人。因为，当在特定领域内具有探索能力的孩子遇到恰当的教育方式时，他们往往能发挥出比同龄孩子更卓越的能力。

妈妈秘诀

即便能在同一个主题中持续投入，也不能证明这个孩子的探索能力一定强。有些孩子也可能是因为对其他主题没有信心，所以才埋头只钻研一个主题。如果孩子会对某个主题特别愉快地反复观察探寻，好像要做到精通一样，那你就可以从这一方面着手引导孩子。

盲目表扬的弊端

渴望得到认可是男孩与生俱来的性格倾向，孩子因执着于争第一而在输赢上耍赖的行为却可能是成年人造成的。

如果因为想培养孩子的自尊心就一味地只是表扬，那么孩子会在觉得自己得到了认可的同时感到有压力。“哎呀，真是太棒了！你最厉害了！最棒！妈妈觉得你是全国第一！”孩子听了这样的话，一开始会想：“原来妈妈以为我很厉害呀，其实我没那么好的。看来我得做得更好一点儿了。”

但是，这种积极效果不会持续很久。马上他就会产生“怎么办呢？不想被妈妈发现其实我做得并不好”的想法。从这时起，孩子心里就变得不舒服起来，害怕妈妈看到自己本来的样子。这就是盲目表扬的弊端。

我们无意中说出口的表扬的可怕之处在于，它会使孩子歪曲对自己的认识。被吹捧得很了不起的孩子自然而然会恐惧平凡。一旦孩子习惯了被表扬，再想自己从那个宝座上走下来就困难了。歪曲了自我认知的孩子，无法接受自己本来的面貌。比如，因为一点儿小事就烦躁发脾气，或者如果画得不满意就哭，在有这些表现的孩子中，相当一部分孩子是因为没法接受原原本本的自己，他们在与想象中的自己竞争。所以，除了否定性的话语之外，我们还要警惕平时给予儿子的期待和表扬。

“哎呀，我们旼俊真的好乖啊！”

表扬孩子乖，这种行为中包含了“我认为你很乖，所以不要打破我的期待”的信息。表扬不单纯是赋予积极思想的工具，它还是评价对方、控制对方的工具。言语既能让儿子的心情乐得飞到天上，也能让孩子变得会看妈妈的眼色，一味只按妈妈教的去做。这是另一种“胡萝卜与鞭子”[①]。

然而，我们的儿子不是动物，是独立的人，他们有按照自己的意愿生活的权利。即便是在学习成绩方面，也应该让孩子正视自己的真实面貌，而不是追逐被扭曲的自己。

请不要按照大人的脾胃去“驯养”孩子，请放下手中的胡萝卜

① “胡萝卜与鞭子”是指驯驴时一边在它嘴前悬挂胡萝卜，一边用鞭子抽它，奖励与处罚同时使它前进。——编者注

和鞭子——最具代表性的胡萝卜和鞭子就是表扬和比较。我们平时是不是也在用名为表扬和比较的评价“驯养”儿子？我们这一代人很清楚，在父母拿我们与别的孩子做比较时，我们的心情是怎么样的，并且也知道怎么能让儿子执着于输赢。只有减少评价孩子的这种行为，才能让儿子从对赢和第一名的执着中解脱出来。

那么，到底要怎么表扬呢？过度否定会让孩子怯懦畏缩，过分表扬又会让孩子歪曲自我，容易陷入另一种自我否定中。

表扬孩子时，有一点大人们要牢记。那就是如果被恰当地表扬，孩子就能平静地接受自己，将自己的发展平衡在难度适中的状态上。导致孩子自我歪曲的言语是下面这样的：

“哇哦，我儿子太棒啦！真是没有我儿子做不好的事！”

“哎呀，连妈妈都做不到这么好呢。”

让我们重新来看看这样的话会对渴望获得他人认可的孩子产生什么样的作用吧。对于存在失败可能性的事情，他试都不想试；对于第一次接触的活动，直到感觉自己能做好之前，他都不会愿意尝试。这样的孩子就是典型的例子，他们大多是经常被表扬的孩子。当孩子因为被认可的记忆过于鲜明，为了维持良好的感觉而不愿尝试新事物时，我们就不可以轻易做出这样的表扬。

尽管如此，如果给孩子否定的反馈——“不是那样的，那么做不行！不对，我是说再稍微这样一些”——又会挫伤孩子的自尊心。

这种方式会使孩子失去独立解决问题的自信，所以这种反馈也是不恰当的。帮助孩子既不歪曲自己，又能实现积极的自我发展的反馈是这样的：

“哇，你什么时候观察的呀？”

“哇，我从来都没见过这个，你什么时候尝试的呀？”

“你不会因为担心失败而害怕吗？”

虽然这样的话多少有点儿复杂，但还是请妈妈用这样的反馈让孩子知道妈妈接受了他本来的样子。不仅如此，除了语言以外，妈妈还可以通过眼神、语气和一举一动向孩子传递“我们不评价你”“不要害怕人们的眼光，诚实地表现你自己，这才是真正的勇敢”的信息，这也很重要。因为孩子是会独立成长的。请相信，即使我们不鼓励，他们也有充分的力量自己成长起来。

妈妈秘诀

请减少评价儿子的话语，这样儿子才能轻松摆脱对赢和第一名的执着。

夸奖也有窍门

在成年人给孩子的表扬中，出于评价和期待的表扬比出于激励和表达喜悦的表扬更多。我们应该思考一下，从不同角度做出的表扬分别会对孩子产生什么样的影响。

我想再谈谈我通过对男孩的持续性观察所感受到的表扬带来的影响。大部分妈妈在孩子画得好的时候，或是希望孩子继续参与美术游戏的时候会这样表扬孩子：

“哎呀，真了不起呀。你怎么能这么棒呢？”

“哎呀，我们旼俊怎么能画得这么好呢？”

有种说法说表扬孩子能提升孩子的自尊感，还能提高效率。这句话部分正确。但是，当不能适当地表扬孩子，只是希望借助表扬使孩子沿着大人设想的方向发展的时候，我们就会像上面这样表扬孩子。

上面两句话是用来举例说明大人最常犯的有关表扬的错误的。如果持续给孩子这种反馈，在某个瞬间，孩子会突然觉得有压力，开始回避做该事。

比如，孩子画了恐龙。“哇！真厉害呀！画得真好呀！”如果大人一直这样表扬他，孩子就会搞不清自己的真正实力，错误地认为自己真的画得很好。

短期来看，孩子会变得很开心，画画也认真，自尊感也有提升。但问题发生在下次画画之时。第二天孩子再在白纸上画画时，情况就跟之前不一样了，画画的动机被名为得到表扬的目标所支配，孩子变得渴望得到和前一天一样的表扬。

为了得到表扬，画画的孩子会明显地减少新尝试，于是无法画出超越前一天被表扬的那幅画的作品。在得到表扬成为目标之后，孩子反而不能将注意力集中在自己身上了。与孩子们接触之后，我看到很多孩子会机械地画相似的画。如果之前因为某幅画被表扬过，哪怕只有一次，孩子就会反复画这幅画。这种情况很多。过度表扬绊住了孩子的脚步。

如果这个阶段继续持续，最终孩子就会躲躲闪闪，回避画自己没有信心画好的画。如果孩子开始在我们对他做指示时表现出回避的态度，妈妈或老师就应该确认一下孩子的学习动机是不是纠结在如何获得教育者的表扬上了。

但妈妈也没有必要因此而每次都捂住嘴吝于表扬。这里所说的表扬的副作用只产生于盲目且持续性的表扬。妈妈平时可以在一定限度内给出具体的表扬。

“你是个只要下定决心就能做好的孩子。你是没下定决心才会这样，要是真做了一定能做好。”

这是试图鼓励孩子不要气馁、要一直坚持尝试的表扬中的一种。但是，听了这话的孩子接收到的信息与大人想表达的是截然相反的。最终，虽然他也会想“原来我只要做就能做好啊，那我努力试试吧”，但实际上他不会努力去做，反而一直表现出“我没在努力”的样子。理由是这样的——孩子想维持妈妈或老师评价过的“如果努力做就能做好，但是现在还没努力”的状态。在受到那样的表扬和激励时，孩了在潜意识中会担忧自己即使努力了也听不到表扬。所以，这种表扬是不应该说出口的。

但是，下面这种表扬是可以有的。

“你画小汽车了呀？昨天你观察到的是这样的吗？原来你平时经常观察呀！”

这是大人在关心孩子上了怎样的课程、画了些什么东西的时候可以对孩子说的话。因为这是了解了孩子的行动中藏着怎样的努力之后才说的话，所以孩子会感觉自己的努力是有价值的，而且会积极地亲近对话的另一方。得到这样的表扬之后，孩子会感觉对方很关心自己，自己的努力得到了公正的评价。

最重要的是，这样的表扬能够起到提升孩子自尊感的积极作用，还能将孩子从结果带来的压迫感和大人的评价带来的压力中解放出来。这既是最适合求胜心强的男孩的表扬，又是能使大人与孩子进行情感交流的智慧之语。

如果家有一定要赢或是强烈希望得到认可的男孩，大人应该学会在表扬孩子之前先进行思考：自己现在是不是打算盲目表扬，说“做得好”？是不是在为了孩子下一次更努力而有计划地鼓舞孩子的士气？请在了解孩子的课程之后再鼓励他。当对评价很敏感、对他人的眼光很在意的孩子开始新的尝试时，这样做可以帮助他减少畏惧，成长为有勇气的孩子。

妈妈秘诀

成年人在了解孩子课程之后所说的话能帮助孩子成长。等这个孩子长大之后，又会成为有益于其他孩子的成年人。

希望孩子英语好

当我们将注意力都集中在了看得见的教育上时，可能会忘记一些重要的事。

“做想做的事，幸福地生活。难道这不重要吗？基础教育的目的也正是帮助孩子顺利地得到那样的生活。”

近来，我给妈妈们做咨询时感觉到，现在的育儿方式和五年前完全不一样了。五年前流行的是不迷恋于应试和分数，只专注于孩子的成长。对此，很多妈妈虽然在理智上可以理解，却因无法坐视孩子的成绩不管而难以付诸行动。

现在却不同了。现在的妈妈已经切身感受到了时代的变化，进行了很多革新性的思考，并将这些思考付诸行动。这可能是信息来源拓宽的缘故，也可能是全新一代的父母已经登场的缘故。

现在的妈妈不会轻易地设定孩子的未来，她们在努力创造一个更宽松的环境，让孩子在遇到自己想表达的东西、想学习的东西时，可以毫不犹豫地去尝试。这种氛围与我所在的成长男孩美术研究所的着眼点相同。因此，在遇到这类妈妈时，我会很高兴。

然而，无论育儿方式如何变化，仍有许多东西是无法改变的，比如英语教育。现在没有不会英语的孩子，英语已经是基础教育了。并且，孩子只有会话好、表达好，才能顺畅地表达自己想主张的东西，所以语言教育本身也不能被忽视。当然，我没有说早期英语教育不好的意思。不管是什么知识，孩子学到了就是好事。只不过，我担心当我们将注意力都集中在了看得见的教育上时，可能会忘记一些重要的事。

近来我见过的孩子中，没有不会几句英语的，而且发音比在培训班里专注语法学习的成年人还要好。尤其是女孩们，她们的英语好到了使人感叹的程度。虽然男孩和女孩的英语水平以后会在一定程度上达到均衡，但处于成长期的男孩们要赶上女孩们确实是够难的。所以我说，教男孩英语的时候不能用和教女孩一样的标准。

事实上，英语教育最大的问题是孩子没有什么话想用英语去表达。即使是在做手工或画画时，当被大人问“你想制作什么”“在纸上随便画你想画的东西，好不好”的时候，孩子们也往往会画以前画过的画，或者仅仅只是嘴上答应。对于还不能熟练表达自己真实想法的孩子们来说，这是很普遍的现象。

也有人会说："英语教育是父母的事，找到想说的话是孩子们的事。"但是，在教学中见过了很多男孩之后，我切身感受到，没有话想说的孩子越来越多了。

不久前，我在网上看到了一段令人感叹的视频。韩国的某个高中男生在TED①上做演讲，演讲的内容不是数学习题集，而是他制造弓箭的经验。韩国人在号称全世界最具影响力的演讲节目之一的TED上做演讲，这本身已经很了不起了，何况演讲者还是个高中生！他的表达能力真的很强。看演讲视频的时候，我甚至在想：我上高中的时候都干什么了？他在语调、发音、词汇的使用和肢体语言上并没有什么技巧，他只是专注于自己要传达的内容而已。为了向全世界表达出自己的想法而学习陈述的人，与本身就拥有卓越陈述技巧的人之间，存在着本质上的差异。而我从那个学生身上感受到了他所讲的故事的真实性。

我们常常并不为孩子找到了自己真正喜欢的东西而感到喜悦，反而会苦恼，担心着："喜欢锹甲虫对成绩有帮助吗？孩子以后能有好的发展吗？"我们想的是，想做的事可以以后再寻找，现在且先

① TED是英语中"技术"（technology）、"娱乐"（entertainment）、"设计"（design）三个单词首字母组成的缩写。TED大会举办时会邀请各领域杰出人士做演讲。——编者注

把成绩搞好，以后遇到自己喜欢的事才有能力去做，然后建议孩子现在先不要养锹甲虫了。结果，一些早早找到了自己想做的事情的孩子就纯粹因为大人的担忧和干涉而失败了。

在这种选择的路口上，那个男生果断抛弃了做习题，选择了制造弓箭。那个去触摸很多种树木，锯断它们，甚至在房顶生火制造弓箭的男生，为了把自己为弓箭深深着迷的生活故事讲给人们听，他准备了 15 分钟的英语演讲，并尽心竭力地学习英语，达到了能引起全世界人注意的程度，取得了不凡的反响。他用饱含真实性的词汇和句子将自己的生活原原本本地展现给了人们。

将未来放在心间，将英语当成实用性工具提前学习，与因为有急需临时抱佛脚才学习英语之间存在着巨大的差距。学习外语的时候，有些孩子认识不到外语是表达自己想法和主张的工具，而只是一味地学习表达的技术,这些孩子外语学得再好，也只能像个优秀的翻译。因为他们没有自己的故事。当然，翻译也是一种优秀的职业，如果孩子想选择这个职业，作为父母当然应该做孩子坚实的后盾。

但是如果怀着“因为其他人都擅长所以希望我家孩子也擅长”的心理让孩子学英语，还请回想一下自己是不是错过了什么重要的事情。当然，不做其他人都做的事，无论什么时候都是需要勇气的。

当一个成绩优秀的孩子放下习题集开始制造弓箭，他的父母是什么心情呢？应该是害怕和恐惧吧。一般的孩子如果学习学得好好的突然放下习题集和笔开始制造弓箭，他的父母大概会这样想：“制造弓箭能对孩子的前途有什么帮助呢？能进韩国弓箭制造协会工作吗？不行，这条路太难了，我们无论如何都得阻止他。”

我们都应该想一想，我们是不是一直在用类似的想法阻拦着孩子发展自己单纯的兴趣？虽然不是所有的孩子都能站到TED的舞台上，但这是值得思考的提升男孩学习效率的问题。我的意思是，对于自我主导型性格倾向强的男孩，我们应该告诉他们的是：“先拼命找到自己想做的事，然后再从中找到应该学习的东西。”

事实上，我曾经给一位妈妈做咨询——为了教只爱踢足球的孩子学英语，她家里天天都要爆发“战争”。我只是问了问孩子的梦想是什么，这个问题就很简单地得以解决了。那孩子的梦想是在西班牙职业足球联赛的赛场上奔跑，于是我说：“要想在西班牙职业足球联赛的赛场上奔跑，你先得会用西班牙语或者英语跟队友们交流啊！”孩子眼睛一亮，从那时起就决心学习西班牙语和英语。

给出身美术专业的妈妈们做咨询的时候，我经常听到这样的话：“我一点儿想让孩子学美术专业的想法都没有。这条路真的太累了，还没有前途。”

说这话的人弄错了问题的核心。在TED上做演讲的男生通过弓箭这个主题使自己扬名世界，而美术也只不过是与他所使用的英语一样的人生的工具而已。我的意思是，美术本身并不会决定孩子的前途。正如尽管高中生演讲者的英语并不是非常流利，但是他给大家留下了言之有物的印象，所以才能登上世界最大的演讲舞台——TED。比起说话的技术，更重要的是他有自己想要表达的真实的故事。但是，有些妈妈会想：他是上什么课学的，英语怎么那么好啊？不管这个高中生演讲者是通过什么课程学的，那种方法也绝不会适用于所有的孩子。与之相比，“我家的孩子想说的是什么”才是我们应该集中注意力思考的问题，因为所有答案都在其中。

我希望我遇见的所有男孩和读这本书的所有妈妈都能画自己想画的画，而不是好看的画。希望孩子们不要长成害怕被问“今天想做什么”的孩子，希望孩子们不要成为能力出众却不知道自己该做什么的“伪人才”，希望孩子们不要做英语很好但没有什么东西想用英语表达的孩子。

今晚，请和孩子牵着手在小区里逛逛，捡一袋子废品回来，给孩子戴上手套，给他一把胶枪，不要告诉他应该制作什么，先问一问他：“用这个你能做什么？”

成年人的心态很急躁。我想，这是因为闲适会使成年人回想起自己经历过的世事艰难，会令他们产生不安全感。所以，家长才会疲于奔命，只为了把孩子培养得比其他人更出色一些。

现在，是时候思考一下了：孩子想要的是不是和父母一起奔波呢？如果以前你只是想教给孩子一些什么，但从来没问过孩子真正具有的才能是什么，真正感兴趣的东西是什么，那就请借此机会和孩子谈一谈。与其培养孩子说话的技巧，不如帮孩子尽情体验自己喜欢的事，做一个能把故事讲得很丰满的孩子。

妈妈秘诀

我的意思不是说语言教育不好。而是说，与其培养孩子说话的技巧，不如把他培养成一个能把故事讲得很丰满的孩子。

给孩子“我能行”的自信

比同龄孩子发育迟缓的孩子会隐约察觉到自己的状态。此时，如果大人催促孩子或是伤到了孩子的自尊心，孩子就会关闭心门，止步不前。

宰勋 10 岁了。我忘不了与宰勋初次见面时看到的他的脸——他的眼神无精打采，愤世嫉俗的表情十分明显。

“宰勋呀，你喜欢美术吗？”

和我预想的一样，宰勋没有回答，而是有气无力地点了点头。这时，一直在一旁的老师拿着木工坊里常见的大木块走了过来。我把木块拿给孩子看，问道：“你能把它锯开吗？”

这次，孩子没有回答。但我们接收到了肯定的信号，于是把锯木块所需要的矮凳子放在地上，用脚踩着木块，让孩子戴上手套过来。从他戴上手套的样子，我能感觉到宰勋的心门打开了一点儿，露出了一个非常小的缝隙，因为那动作就是不讨厌的意思。孩子按照老师的指示开始锯木块。

对于小学三年级的孩子来说，锯木块不是件轻松的事。因为在此过程中，锯的方向可能会改变，如果方向不对，锯子可能就会卡在木头上动不了。每次孩子锯木块失败时，老师都不催促他，只是告诉他应该怎么做才能锯好，并且一直鼓励孩子，使他不感到厌倦，直到他锯完木头。

就在已经花了很长时间的宰勋想要放弃时，木头咚的一声掉在了地上，终于被完全锯开了。宰勋嘴里发出了浅浅的喘息声。也许孩子也好奇老师的反应吧，他反射性地猛然转过头望向老师的眼睛。此时，老师像是目睹了一个男人做了一件了不起的事一样开始感叹——老师是在用这种方式鼓励宰勋。

一个小时后，宰勋一见到妈妈就开始向妈妈展示他用自己锯的木头制作的作品。虽然作品本身没什么观赏性，但对孩子来说，从成功地锯木头中得到的满足感更甚于完成了怎样的作品。

又过了一些时间后，我在研究所与宰勋的妈妈谈话。他妈妈说，那天一整天，孩子在回家的路上就一直在给他遇见的每一个人看自己的木头作品。

在那之前，宰勋就像青春期提前到来一样，与妈妈之间有着很深的矛盾。因为上班而无法全天陪伴宰勋的妈妈，在每天与宰勋相处的短暂时间里只能检查检查作业、确认确认时间表，着急地说些她认为必须要嘱咐的话。

不知从什么时候开始，妈妈开始对与同龄人相比口才略差，语言发育也稍显迟缓的宰勋提高了音量，还在宰勋的朋友们面前严厉地训斥宰勋。从那天起，非常明显地，宰勋紧闭了嘴巴，变得很忧虑。就算妈妈偶尔做些好吃的给他鼓劲儿，或者想陪他一起玩，宰勋也不再像以前一样活泼，而是忧虑重重。虽然妈妈教过他如何有条不紊地说话，却没什么效果。在宰勋有过那次锯木头的经历后，宰勋的妈妈说："我儿子真的变了。"

他会每周锯木头或者用胶枪制作东西，而且每次都会向妈妈展示自己的作品，开始和妈妈交流。

孩子需要的不是有人教他怎么说话，而是被告知自己有解决一些事情的能力——哪怕只是实现这种小小的成功。

妈妈秘诀

时常拿起大人用的工具，凭借自己的力量制作一些东西，这么做能给孩子带来勇气。请鼓励孩子独立自主解决问题。独立完成一件事的经验比为了提高自尊水平而刻意参加一些活动更能带来积极的影响。

培养孩子读书的习惯

育儿和学习有共通之处——都存在无法用语言表述的部分，在孩子刚开始接触学习的阶段尤其如此。

“老师，我真的弄不懂我儿子的心思。我老公喜欢读书，平时我也常在他面前读书。可是这小子根本就不读书。”

妈妈在经济不富裕的情况下还花很多钱给孩子买了成套的书，可是他看都不看，就放在那儿落灰。这种情形实在太让人郁闷了，这可怎么办才好呢？

教育方式在逐渐优化，但看似无心学习的孩子仍比比皆是。就像即使出了新的杀毒软件，人们也还是有对计算机病毒束手无策的时候，妈妈在面对不听话的孩子时也一样。无论妈妈如何努力学习最新的育儿方法，也跟不上孩子们常变常新的胡闹，家有竞争意识强烈的兄弟俩的妈妈尤其如此。家里只有女儿的人很难理解男孩的妈妈的苦衷。

偶尔会有某些专家反驳说："妈妈不了解情况才会这样，严肃认真地命令孩子，他就会去做了。"但是，孩子们是机器吗？我们不能将代入X和Y就能得出Z之类的公式套用到孩子身上。代入X和Y之后，在有些孩子身上得出的是A，在有些孩子身上得出的是B，这就是孩子。

有一次，我觉得一定要给自我主导型性格倾向无比强烈的在承看一个视频，那是个和在承年龄差不多的小朋友做手工的视频。我以为在承在手工制作方面的兴趣那么明显，这个视频一定会合他的心意。可出乎意料的是，在承表现出了一副毫不感兴趣的样子，还打起了哈欠。看到没能引起孩子的兴趣，于是我关掉视频进入了下一个课程。大约一个月之后，在承抓着我说："老师，我找到了一个很棒的视频！"

我有些失措——在承发现的视频就是一个月之前我给他看的那个。孩子兴致勃勃地开始给我解说起来，根本不记得那就是我给他看过的视频。虽然看起来好笑，但实际上，这种事不过是成长男孩美术研究所里常见的小插曲罢了。

在教与学中，有些部分是无法用语言来表述的。即便是同一个视频，找到它的人和找到它时用的方法不同，它的意义和效果都会有很大的变化。孩子可能感觉别人找来视频给他看的意图是改变他，而他把自己动手找到的视频给别人看是自己在学习其他的东西，这就是孩子。特别是教育对象是自我主导型性格倾向很强，有很强烈的被认可的需求的小子们时，想教他们一些东西并不容易。

没准儿这种事在家里也会经常发生。妈妈给孩子买了他应该会喜欢的全套书籍，她的内心是充实的，她想象着孩子坐在书桌前沉浸在阅读中的样子，还会有些激动。可当妈妈满怀着希望将孩子摁到书桌前坐好时，她的梦破碎了。因为就算她勉强孩子读书，孩子也会叹着气跑掉。不过有时候，那小子也会在某天，不用叮嘱的情况下，就自己静静地读起书来。

孩子的表达能力在学说话、学单词的过程中一点一点得到提升，于是妈妈希望孩子能养成阅读的习惯。这时，妈妈听得最多的建议就是：应该让孩子没有反感地坐在书桌前。

但是，如果按照这个建议去行动，那就跟把马牵到水边，强压着马的脖子让它把嘴伸到水里一样，这样马就能咕咚咕咚喝水了吗？虽然这样做人能得到满足感，但马会因为这样的经历而对往水边走这件事产生恐惧。如果妈妈用尽办法把孩子摁到了书桌前，虽然自己能得到暂时的满足感，但孩子可能会因为这件事而从此讨厌书本。那么，应该怎样引导孩子阅读才对呢？

让我们再回到马的话题上来。为了让马喝水，我们需要做两件事：一件是让马在宽广的草原上尽情奔跑，另一件是当马表现出口渴的时候牵它去水边。只要满足这两个条件就可以了。牵马到水边是我们的事，喝水是马的自由。主人没有必要因为马不喝水就责怪它，妈妈也没有必要因为心疼书钱而着急上火。

如果一切条件都给儿子准备好了，可是儿子就是不爱读书，那妈妈也没必要焦躁，只要慢慢地重新再来一遍就好。可以思考一下：是不是孩子已经通过电视或手机得到了从书中能够获得的刺激？是不是有锹甲虫或小汽车等孩子更感兴趣的东西存在，所以孩子没时间读书？是不是家里有的书孩子并不感兴趣？

当无论怎么努力教孩子东西都收不到成效时，请放平心态。当孩子开始努力学什么东西时，那或许也不是因为妈妈做得有多好。即便妈妈创造了完美的阅读环境，儿子也有可能不爱读书。在并非自己分内的事情上觉得受挫，那不过是一种情感浪费而已。请不要忘记，创造阅读环境是妈妈的事，而读书是孩子的事。

妈妈秘诀

书给孩子带来的刺激比不上手机和电视，这是实情。请仔细观察一下，家里的书是不是与孩子的兴趣点不太匹配。

孩子是怎么学会说脏话的

只要语感发展到了一定程度，孩子马上就能学会单词的使用和表达方法。对于成长期的孩子来说，语言就像传染病一样。

男孩们是在什么时候接触到脏话的？是从初中开始吗？不是。妈妈们知道的孩子开始说脏话的平均年龄与实际上孩子们接触脏话的年龄有着明显的差异。有些妈妈会认为，如果妈妈使用文明的语言，孩子就不会说脏话。但事实不是这样的。

对于成长期的孩子来说，语言像传染病一样，“传染”速度很快。所以在幼儿园，一个班五十人里只要有一两个孩子说脏话，其他的孩子学会说脏话就只不过是时间的问题了，而且脏话往往瞬间就会传播开。也就是说，无论妈妈再怎么注意自己的语言，孩子还是有足够多的途径接触到脏话。妈妈不在场的时候，孩子在路上走着走着就会和小伙伴们说起脏话来，这是常事。当你坐在学校附近小学生云集的网吧里时，你会看到脏话横飞的情景，这情景绝对超出你的想象。但是，孩子们在父母面前隐藏真我的本事和他们学说脏话的本事一样厉害。自家孩子说脏话，全小区的人都知道，只有妈妈不知道，这样的情况简直太多了。

只看这些描述就够受刺激的了，第一次直接听到孩子嘴里冒出脏话的那一瞬间，妈妈经受的冲击该有多么强烈啊？我做咨询时遇到的某些妈妈说起自己的经历时有个共同点——第一次听到儿子说脏话的那一瞬间自己简直要疯了。虽然妈妈心里想的是应该马上阻止孩子，可是妈妈自己都还没做好心理准备，头脑中那些话还没有理顺，基本是颠三倒四的。

“你从哪儿学的这种话？”

“啊？班里同学都这么说。”

如果孩子的反应真是这样，妈妈应该怎么做呢？他这么顶嘴，把人气得手都发抖了，妈妈又该说些什么好呢？应该说“你要是这么说话的话，以后真会变成坏人的”吗？或者应该说“别的小朋友都说也不能说”吗？也许对这两种说法，孩子的反应都是：“啊，知道了。以后不那样了。”虽然他嘴上这么说，但要他真的悔改却很不容易。

再加上孩子是很善于隐藏的，所以当妈妈听到孩子说脏话时，极有可能孩子已经不是第一次说了。还有些孩子，妈妈惊慌的样子会使他产生一种自己已经是个大人的错觉，并由此产生隐隐的快感。

我在做咨询时发现，许多妈妈对于孩子说脏话没有什么好的对策，只是一味地否定而已。很多妈妈认为一定要无条件地避免孩子说脏话，如果孩子在成长的过程中根本就不会接触脏话那就更好了。不好的东西没必要早早知道，从这方面来说，我很理解妈妈们的心情。正因为这样，现在让孩子在家接受“家庭学校”教育的妈妈似乎越来越多了。如果孩子一辈子都不知道脏话这种东西就好了，我也会这样想。

但是，为孩子创造并维护一个真空地带，让孩子一辈子接触不到脏话，这是不现实的。孩子从小学、初中到高中，少说也有一两次骂过或听过脏话，不可能被完全与脏话隔离。

尤其对男孩来说，脏话既是一种表露感情的工具，又扮演着形成小团体所需的隐秘暗号的角色。他们可能会认为，不会说脏话的男孩不会是真正的男人，或者融入不到小团体里。所以，孩子陷入了说脏话不对的常识与不说脏话就不合群的现实之间的矛盾里。在这种情况下，很多孩子很纠结地过起了双重生活，将身为儿子的自己和在学校身为男性的自己分离开来。

在没弄懂孩子所处环境的情况下，妈妈再怎么强调“说脏话是不好的，不管谁说脏话你都不可以学”都是没用的。只要踏进孩子们生活的世界一步，你就会发现妈妈的这些话不过是不懂孩子们的人情世故的空话而已。

妈妈秘诀

孩子们明知说脏话不好却还要说脏话，最大的原因是为了得到同龄人的认同。请理解这一点，不要用简单粗暴的方式阻止孩子，这很重要。

纠正孩子说脏话的习惯

孩子不是因为走上了歧路才说脏话的，那只是他早晚会接触到的语言而已。

我曾经和妈妈们讨论过应该怎么应对儿子说脏话的问题。妈妈们提供了很多意见，在这里我想拿出其中一些来和大家分享。

先问问孩子他接触过什么脏话，妈妈主动开口就这个问题对孩子进行教育。然后，妈妈在白板上或纸上写下脏话，和孩子一起找出它们的意思。这和性教育也有点儿类似。这种方法的好处是父母和孩子在开始谈论关于脏话的话题时不会彼此感到不舒服。

一般父母和孩子讨论关于脏话的话题的时间，就是他们抓住孩子说脏话准备训斥孩子的时候。而如果妈妈率先提问，然后将孩子听到过的脏话用大字写在白板上，这样做就能起到将孩子藏于暗处的陋习拉到明处的效果。当妈妈给孩子一一解释脏话的真正含义都是什么时，孩子或许就会小心翼翼地说：“妈妈，其实上次谁谁谁说脏话了。”这种教育方式的要点在于把以前孩子觉得不敢跟妈妈讨论的部分变得可以被讨论。

另外还有一种方法——让孩子看看妈妈亲口说脏话的样子。

“王八蛋！”

“呀，不许动！”

有些男孩的妈妈直接亲口在孩子面前说这两句话，问孩子感觉哪句更强烈。这样的妈妈很理解男孩内心想表现得强悍的要求。就这样，孩子一边哈哈笑着一边想，原来说脏话的样子并不像想象中那么强悍，以后自己要说着文明的话强大起来。虽然这是那种有特殊魅力的妈妈才能用得好的方法，但它确实是一种行之有效的手段，可以将妈妈的手还未触及的部分拉到明面上来一起讨论。

在交流各种意见和经验的场合中，大家发表了一些共同的意见——面对儿子的脏话，最重要的是提前做好心理准备。另外，有些妈妈虽然知道一些好的应对方法，却坚信自家孩子不会说脏话，这样的想法是最危险的。在这一点上大家也持相同意见。

这样的妈妈会体验到用盲目的信任武装自己，结果却被气得手脚发颤的经历。我们要认识到，再乖的孩子也会有说脏话的经历。

孩子说脏话不是因为他坏，那只是他早晚会接触到的语言而已。为了面对那个时刻的到来，妈妈应该提前做好心理准备。如果孩子还从来没说过脏话，那到他小学一年级的时候，妈妈一定要找个时间提前和孩子聊一聊有关脏话的问题。

如果是面对已经开始说脏话的孩子，妈妈想要纠正他的习惯，重要的就是准备好对策。孩子也许正把说脏话的朋友或哥哥当作榜样——孩子为了做个男人而盲目跟从他人的情况很多见。妈妈如果不理解这种心理，就很难打动孩子。重要的不是让孩子不骂人，而是为他找到一种能表现出男子汉气概、展示出自身强大的新方式。

男孩们就像在出生时携带了有着尖牙利齿的鲨鱼的基因一样，他们有证明自身强大的欲望。他们脑中有种扭曲的思想，以为只有这样才能使自己的存在得到承认。

“不可以欺负其他小朋友！”

“不可以总从高处往下跳！”

“不可以！”

我们的这种教育方式听起来就像在教孩子做个平和温暖的金鱼。但是，有着尖牙利齿的小鲨鱼理解不了妈妈为了让自己做条金鱼而说的这些话。

我认为男孩应该出生时像鲨鱼，长大后像鲸鱼。把儿子培养得像鲸鱼一样，无须露出锋利的牙齿，就算笑得很温暖也不会被任何人轻慢，这难道不是我们最好的选择吗？

妈妈秘诀

如果从来没听到过孩子说脏话，那到孩子小学一年级的时候，妈妈一定要找个时间提前和孩子聊一聊有关脏话的问题。

对孩子也要信守承诺

妈妈对孩子说的那些善意的谎言，最终会折返回妈妈身上。

在需要老师和孩子一对一做咨询的课程中，越来越多的男孩坚决不肯相信妈妈会在外面等他，无论如何也不肯走进教室。这是一种分离焦虑的表现。刚开始妈妈可能不太当回事，认为这只是一种性格而已。但我发现有分离焦虑的男孩们有些许共同的经历，那就是妈妈对孩子说过各种善意的谎言。

比如，妈妈说："嗯，你进去上完课就出来。妈妈会一直在这儿。"但等孩子一进教室，妈妈就跟接待处的老师眨眼示意一下，转身走了。过了 10 分钟左右，孩子借口要去洗手间，悄悄地出来确认妈妈是不是真的在外面等着，结果发现妈妈不见了，于是大哭起来。老师变得很尴尬。一旦发生过分离焦虑，孩子就会在上课的时候也总找妈妈，无法投入到课程中。

治愈分离焦虑最好的方法是构筑信任。当孩子哭着说不想进教室的时候，请妈妈先放下自己的包，让孩子看到妈妈在等候室里坐好的样子。如果妈妈把孩子交给老师，然后自己拎着包站在一边，即便跟孩子说“妈妈就在这儿等你”，孩子也不会相信。但如果妈妈真的在等候室坐下，放下包开始看书，这样等孩子几次，情况就会有所改变了。

刚开始的时候，孩子每隔 10 分钟就要看看妈妈在不在。如果总能看到妈妈真的在那儿坐着，孩子往教室外面跑的时间间隔就会变长。就这样，让孩子看到妈妈一定会践行自己说过的话，然后再过渡到让孩子接受“妈妈出去一会儿，30 分钟之后就回来”。当然，在这个环节中，重要的是一定要让孩子看到妈妈果然 30 分钟后就准时回来了。

在上述例子中，我们可以吸取一些教训。孩子对细节小事的执着远超过妈妈的想象。如果孩子不遵守小约定、不把妈妈的话当回事，我们首先应该做的是自我反省，反省一下自己之前有没有好好遵守对孩子做过的承诺。丧失了威严的老师与父母，二者之间最大的共同点就是太轻易对孩子许诺，又太轻易不信守自己的诺言。

当妈妈说着“嗯，妈妈去趟洗手间马上就回来”，然后用眼神向老师示意后偷偷离开幼儿园的时候，就已经在孩子心里种下了分离焦虑的种子。当孩子开始在小事上不信守诺言时，我们应该先回想我们是否每次都对孩子信守承诺。

妈妈秘诀

孩子什么都记得住，哪怕是很小的琐事，其中也包括妈妈信守诺言的事和不信守诺言的事。当妈妈能做到信守自己承诺过的包括小约定在内的所有诺言时，孩子就会尊重妈妈了。

孩子有时候耍牛脾气

有时候，孩子们也想要特殊待遇。

我偶尔会在天气好的时候去安眠岛或东海岸那边钓鱼。虽然我喜欢吃米肠汤饭和猪骨醒酒汤之类的东西，但钓鱼的时候我不用它们，而是用海蚯蚓或其他鱼饵。因为我和鱼完全不同。

这就跟在教室里和在家里对待儿子应该用不同的方法是一个道理。妈妈喊着“不许那么做”，儿子却犯倔不听话。妈妈只是站在妈妈的立场上说出对儿子的希望而已，而儿子只不过是固执地主张自己的立场而已。这种情形大概就可以用妈妈是人，而儿子是鱼来比喻吧？仔细想一想，这场景看起来就像给鱼泡菜汤，还催鱼快点咬饵一样。

以前有过这么一件事，就在下课后我和家长聊天时，一个 8 岁的男孩和一个6岁的女孩打了起来。两人是兄妹，打架的原因是，给花浇水的时候，两人都说自己要浇更多盆花。孩子们的妈妈提议："今天哥哥让给妹妹两盆，明天哥哥多浇两盆，怎么样？"儿子却不听，也不说话，只是一直哭。

这种时候该怎么办呢？事实上，如果儿子因为这样的原因哭，很多父母会说："你是哥哥，你得让着妹妹。"并且对妹妹说："你怎么总是惹哭哥哥呢？"当然，"今天你让着妹妹，明天你多浇两盆"的提议也是不错的答案。

但是，孩子却没有停止哭泣。在我们看来这提议足够合理了，但在孩子看来却并非如此。自我满足、自己的重要性、特殊待遇……孩子的真正目标会不会并不是多给两盆花浇水，而是想在这种境况中获得特殊待遇和尊重呢？我这样想着，于是掏出了包里的橡皮泥说："东润啊，你用这个自己捏个花盆好不好？我就只给你，你自己悄悄地捏，不让妹妹知道。"这一句话让孩子立刻停止了哭泣。我和家长的聊天也很顺利地继续进行了下去。

再举个例子。有一天，在民的爸爸下班回家，一进家门就发现小儿子在民在客厅里乱蹦乱跳。在民明天就要开始上幼儿园了，但他不想去，所以在耍赖。在民的爸爸经常用的方法是把孩子关在房间里，一直教育他，直到他答应做父母要求的事。在民的爸爸说自己曾这么想过："如果我是孩子，对于上幼儿园这件事，真的能只有高兴、兴奋的情绪吗？”

他想诚实地回答这个问题，于是冥思苦想。然后，他和妻子、大儿子一起坐在餐桌旁边，列了一张幼儿园里能让孩子高兴的事的清单，并一起玩猜词游戏。刚刚还只是偷偷斜眼往这边瞟的小儿子在民马上就跑到餐桌这边来，说要坐在爸爸腿上。这时，在民的爸爸温柔地对在民说：“不可以。要想玩猜词游戏，你得先去幼儿园学习玩猜词游戏的方法才行。”

他尽可能地站在儿子的立场上，用易于理解的语言告诉儿子幼儿园里藏着什么乐趣，去了幼儿园可以学到什么以便回家后和家人一起快乐地玩耍。第二天早上，爸爸走到客厅一看，在民居然睡在了客厅里。

“在民呀，怎么在这儿睡啊？”

“我要去幼儿园，不能迟到。”

想象着前一天晚上在民躺在客厅沙发上翻来翻去睡不着觉的样子，在民的爸爸忍不住笑了起来。

再举个例子吧。露营时，有个小不点儿犯了牛脾气，放着自己的椅子不坐跑去抢朋友的椅子。被抢走椅子的小朋友哭了。所有人都在劝那个小不点儿把椅子让出来。在大人劝导的时候，小不点儿露出了更执拗的表情，坚持不肯让开。“那孩子在小区里就是出了名的爱闹别扭。”这话传到了旁观了整个过程的我的耳朵里。孩子们为了很小很小的事也会拼命坚持。

在我们研究所也经常发生诸如此类的事件。有一次，孩子们因为椅子闹起了矛盾。那时候，有一个人说：“旼俊呐，我数到 10 的时候，你就站起来，好不好？”孩子说：“嗯。”然后孩子自己数数。就这样，刚才还死都不肯站起来的孩子，不是一下子就同意站起来了吗？

对于孩子来说，真正重要的东西并不是椅子。他们只是想知道大家是不是将自己当作团体的一员并给予尊重。只不过这种心理以闹别扭占着椅子不起来的方式表现了出来。

这时候，如果有人说：“这不是你的椅子，快起来！”尽管是孩子自己做错了，但他还是会感到受伤，会闹别扭。当然，如果孩子无理取闹，被教训也是应该的。但是，如果我们能理解孩子一次，我们和孩子之间的隔阂就会少很多。

一面喂给鱼泡菜汤，一面喊着快来咬饵，我们应该最大限度地减少这种事情的发生。教孩子东西也要用正确的方法去教。我们应该时常反省自己，是不是在用成年人的方式理解孩子。

妈妈秘诀

请给孩子选择权。孩子也像成年人一样渴望得到尊重。如果孩子感觉自己得到了尊重，那么我们不仅能说服孩子，还能拉近自己与孩子的距离。

第四章

新手妈妈和儿子一起成长

放下“教”的心态

有时候，父母会仅根据成绩或作品来判断孩子在学校和课外班过得好不好。

想确认孩子在课外班和学校适应得好不好，妈妈本能地会将注意力集中在孩子做出的成果上。反正没办法仔细观察孩子在课堂上的情况，于是就简单地用孩子的成绩单或者孩子下课之后带回来的作品来衡量课时费的价值。

而且她们还会说：“你一个半小时里就做了这个？你去课外班这么长时间了，就学了这些？”但是，好的课程并不总是伴随着好看的成绩。从老师的角度来说，一旦他们意识到了妈妈们的这种目光，就不得不将注意力放在漂亮的成绩单和作品上。这就是教育从课外班的教室里消失，以帮孩子取得成绩为目标的营销人员却在增加的原因。

同样，在家里教孩子的时候，请不要检查成绩怎么样，也不要把孩子做的东西拍下来发到社交网络上。这种行为与稍稍锻炼了一会儿就去查看体型有了多少改变很类似，从运动中找到乐趣并投入其中才能改变体型，而如果只跑了10分钟就开始站在体重秤上称重，就只能觉得变化很慢，心情焦躁。

无法自行定义什么是良好的教育的妈妈只能持续担心。教育好坏的标准不应该是成绩和分数，而是是否能让孩子尽情投入。在学习过程中，孩子们有时会为了应付别人而端正地坐好打发时间，有时也会全情投入。有过实际教育经验的人会对此有同感。越是优秀的教育者，经历过的孩子全情投入的场景就越多。教育者应该抱有的教育目标，是帮助孩子在学习新知识的时候自然地达到全情投入的状态，帮孩子取得高分是接下来的问题。

每当从妈妈们那殷切的眼神中感受到她们对值得骄傲的成绩或作品的期待时，我也会感到纠结。我也想过：放弃这些虽然歪歪斜斜但是由孩子全身心投入完成的作业，让孩子做个好看的作品出来吧。做出好看的作品其实并不难。告诉孩子详细的步骤，让孩子做出一模一样的东西并不难。所以，这种诱惑才会轻易袭来。

坚持不对孩子说“今天应该做这个”，很艰难。与此同时，让孩子喊“老师，我要做，我想做”，也真的很难。我们要看着孩子所做的尝试，真心地为之感动，这样孩子才会成长。并且，老师和父母应该学会提出问题，给孩子看新材料，让孩子的小尝试结出大果实。这是大人应该做的最重要的事。我认为，将“学习是有趣的”这一概念植入孩子心间，才是真正可贵而有价值的事。

如果你想了解孩子有没有全身心投入，只要在课程中间告诉孩子还剩多少时间就可以了。比如，当我们说“还剩30分钟”的时候，如果孩子的反应是“哦耶！只要再做30分钟就可以回家玩了”，那就算孩子做出的作品再好，他也还是弄错了学习的本质。

如果孩子很诧异地喊道：“只剩30分钟了啊？”那无论孩子的作品再怎么不像样，这也是一堂成功的课，因为孩子不是学习到了创作作品的技术，而是进入了这种学习过程很快乐，对自己真心喜欢的事情全情投入的状态。

有一次，我见到了一对平时关系很好，一到学习时间就互相伤害的母子。我建议妈妈“刚开始先不要管孩子做作业的顺序，让他能够从符合自己兴趣爱好的主题开始”。然而同样的问题还是反复出现，于是妈妈又来寻求帮助。

做咨询的那天，我无意中目睹了孩子的妈妈在等候室里教孩子的场景。我发现，妈妈的呼吸节奏比孩子快太多了。

“看，这个长得像什么？”

“嗯，长得像老虎……”

“是的，答对了。那它在做什么呢？”

“嗯……”

“仔细看看。你见过的，想不起来了吗？刚才妈妈不是强调过吗？”

妈妈的语言中透露出了强烈的再多教一点儿的目标意识，妈妈身上充满了力量，时间过得越久，孩子被妈妈压制的感觉就越明显。当然，也许因为是在外面，所以妈妈有些急躁，于是上述问题就表现得更加明显。但由于妈妈过于急促的呼吸和着急的态度，孩子已经开始讨厌学习了。

妈妈要想让孩子好好吃饭，与其在吃饭的时候亲自喂孩子，不如先为孩子制定一个全天饮食规则表。要想多教一点儿知识，与其掰着手指头计算某天该教多少，不如先将自己的呼吸放缓，让孩子感受到学习的乐趣。

妈妈详细地教授孩子某种东西的制作技术，虽然短时间内能对孩子自尊心的形成和成绩的提高有所帮助，但孩子从学习中找到的乐趣与端正的学习态度才是他能受用终生的财富。教育的真正价值在于，在孩子踏上艰苦的学习之路之前，告诉孩子学习不是艰辛的劳动，而是愉悦的享受。为此，妈妈教孩子时应该保持放松的状态。

在进行教师培训的过程中，我发现教师们也会犯相似的错误。有几个新入职的教师心里很想做好，于是教孩子的时候非常“用力”。在这种情况下，当孩子说话的时候，他们所做的就不是放松地倾听并和孩子交谈，而是思考“应该说什么”“这种时候应该怎么做”，反而因此没能与孩子真正对话。

在这种时候，最好的解决方案就是放下“教”的念头，认真地凝视孩子的眼睛，问孩子：“你能告诉我你是什么样的孩子吗？”当眼中看到的不是“教”的对象，而是一个人的眼睛、思想和内心时，教育者就已经做好了进行真正的教育的准备了。

面对孩子的时候保持放松，意味着真正做好了爱孩子的准备。窃以为，与孩子产生共鸣的关键并不在于盼望孩子长成与自己一样的人，而在于理解孩子，与孩子同呼吸。

妈妈秘诀

请不要决定教孩子什么东西，请关注孩子向困难发起挑战并完成挑战的过程，真心地为他感动。

放手让爸爸与儿子相处

即便是很小的小男孩，也会渴望脱离妈妈的帮助，独自取得成功，以及作为一个男人被认可。

成长男孩美术研究所有专为爸爸和儿子开设的项目。爸爸系上围裙做儿子一对一的老师，在一个小时左右的时间里帮助儿子做他想做的东西。爸爸不需要做出什么很出色的成果，但要让孩子感受到爸爸在倾听自己所有的想法、爸爸相信自己，这是这个课程的主旨所在。

仅仅通过这一项活动，爸爸和儿子就能一下子变得亲近起来。该活动的绝对法则是，爸爸不是做自己想做的东西，而是听孩子的想法并给出反馈。虽然这样安排可能会让孩子感到迷茫，妈妈们也偶尔会投来茫然的目光。

“哎哟，真让人着急。为什么不给他做那个？”

有一次，妈妈紧贴在玻璃窗边往里看，觉得爸爸实在太让人着急了，终究没忍住打破了规则，闯进了只有爸爸能进的教室，去帮孩子完成作品。

“看，要这么做才对。你为什么不给他做这个？”

这妈妈得是多着急才会这么做？虽然我能理解她的心情，但通常来说，所谓教育，相比取得了怎样的结果，教育者更应注重的是孩子在其中经历了何种过程。看起来令人着急的爸爸们也有着男人自己的哲学。男人认为与对方保持适当的距离很重要，男人之间关系再怎么亲近，也不会两个人一起去空间狭小的洗手间。儿子嚷嚷着要帮妈妈拎快要有半个自己那么高的包，他的内心深处，不仅有着帮助妈妈的想法，还有着自己独立完成某件事的需求。儿子哭着要帮妈妈按公寓电梯下行按钮，他的心中，也有希望脱离妈妈，作为一个男人独立取得成功、获得认可的需求。

爸爸本能地理解儿子的这种心理。他们既爱孩子又能准确地划分彼此的界限。当然，过于把儿子当男人来尊重，也会产生一些副作用——玩游戏的时候爸爸不会故意输给儿子，总是把儿子弄得气急败坏。

男孩和女孩在成长过程中会表现出极其鲜明的差异，其中之一是女孩们会一起去洗手间而男孩们则不会。关系亲密的女孩之间如果存在竞争关系，她们可能会为了友情故意输掉；而男孩却是关系越亲密，想要战胜对方的愿望就越强烈。这可以说是男孩还缺乏解读情感的能力，但也可以说是男孩将感情和理性分得很清楚。

如果说女孩们是通过妈妈的话语学习，那么男孩们更多是通过自己的经验学习。所以，相比妈妈的指点，他们对自我领悟的时间的需要更为迫切。而妨碍这一点的正是妈妈和子女的亲密。一旦妈妈把儿子想得和自己一样，那么儿子在成长为健康男人的过程中就受到了妨碍。

父母一般从妈妈怀了孩子时就开始思考应该如何养育孩子。

“我的运动神经很发达，以后让他踢足球吧。”

“你口才好，让他做律师吧。”

这样你来我往的对话不是什么坏事。但如果父母在孩子面前也一直说这种话，那就是区分不清自己与孩子各自的界限了。因为关于以后从事什么工作、过怎么样的生活之类的问题，父母可以为孩子提供使其充分思考的环境，但如何做决定是孩子自己的事。

惹祸精丈夫通常可被看作“大儿子”，他的身上分明也有值得学习的东西，那就是尊重儿子的领域的态度。这显然是妈妈的不足之处，妈妈应该向丈夫（大儿子）学习。我们面对的许多问题都起源于妈妈和孩子之间没有明确的界限。请记住，当妈妈难以判断自己对儿子的人生应该干预到什么程度，界限应该怎样划分的时候，答案就在丈夫那里。

妈妈秘诀

女孩在大人的说明和干预的基础上积累经验，男孩更多是通过自己的经验学习。所以，妈妈偶尔也要像爸爸一样，用一段保持沉默的时间，去等待孩子的自我领悟。

如何应对孩子的失败

很多时候，成年人不能容忍孩子的小失败和令人不满意的结果，还会急躁地下决断。

“这是孩子们做的吗？真的？”

成长男孩美术研究所的入口展示着一个巨大的机器人作品。这个大约有两米高的机器人是小学四年级学生先在的作品。先在在自己喜欢的东西方面有很强的表现力，投入度也很高，就是寡言少语。尤其是碰到委屈的事情时，即便豆大的泪珠扑簌落下，他也还是缄默不语。

有一次，我们计划把孩子们努力制作的作品汇集起来举办一次展示会。先在也许是因为羞涩，不好意思将自己的作品展示给大家看，所以说自己不要做大的东西，而要做一把小小的刀。

“真的要只做那一个吗？”

“是的。”

我们决定尊重先在的意思。到了展示会那天，包括爷爷奶奶在内，全家人都来了。而先在的作品只有那小小的一个，所有人都极为明显地露出了失望的表情。虽然我们对先在的家人解释了他的想法，但为了看先在的作品特意前来的家人还是难以隐藏失望的眼神。

先在好像也感觉到了，接下来，他早早地就开始为一年之后的展示会做准备。先在说要和老师一起做一个巨大的机器人。先在一做就做了四个多月。他和老师一起努力，中途做烦了就去做些别的，然后再回来做机器人，如此反复。这个作品完成得如此艰难。

大家看到这个作品时，纷纷称赞先在了不起，而一年前尴尬的展示会和四个月的艰苦劳动却没人提及。完成这个作品的艰辛，只有先在和老师知道。

如果有人问我：“要想让孩子制作出那样的作品，应该怎么做呢？”我可能会说：“让孩子在大型展示会上经历失败，然后等他通过自己的力量克服失败。”因为传授技术并不难，但找到全情投入、激起心中火花的方法却是无法传授的。也许，如果先在没在展示会上经历那次失败，他也就做不出后来的作品。

但是，很多时候，成年人不能容忍孩子的小失败和令人不满意的结果。如果在第一次展示会上感到很失望的父母说了“看来你好像不太适合学美术”之类的话，导致先在就此放弃，那么他将一直怀有对展示会的遗憾，也许还会变得彻底讨厌美术。

通过这件事，我也学到了一些东西。当我们看到孩子自己欣然投入到新的挑战中时，在孩子心中激起“我要给大家看看我能做出这种水平的东西”的火花是非常重要的。

妈妈秘诀

有时候，孩子遭遇的失败也会变成激励他前进的动力。请大人多一些等待，不要仅凭当时的结果就得出结论。当父母做到这一点时，孩子就会成长。

每个孩子都有自己的底色

当你认为世上所有的孩子都是一张白纸时，你就忘了所有人都有自己的个性，都有自己的学习方式。

有一天，我收到了来自一位朋友的咨询请求。某个学校的教导主任家的儿子离家出走了，他的家人都忧心如焚。

其实教师的子女不仅会受到来自父母的，还会受到来自周围的巨大压力。教师无法从人们“那你是怎么教育自己子女的呢”的目光中解放出来，于是他们的孩子就成了静默的受害者。我目睹过很多类似的情形，越强势的教师，他们的子女就越疲惫。父母为了维护自己说过的话，在不知不觉中对子女更加严厉，于是父母和子女的关系变得疏离。这种情况在我们身边时有发生。

“你知不知道他妈妈是学校的老师？”

“哎哟，还是老师呢，连自己家孩子都管不好。”

所以，教育者们很难畅快地吐露有关自己子女教育的事。

前面提到的离家出走的这个孩子性格特别安静，从来没和朋友发生过冲突。可是，有一天他居然因为一点儿小事和朋友打了起来，之后又用多少有点儿出格的方式离开了家。在此之前，他是个性格很好的学生，和朋友关系也很好，也很被老师们认可。那位教导主任一直以来倡导强势的教育，儿子的变化使他深受打击。那位教导主任曾是个“孩子白纸论”的传播者。

“孩子们就是白纸，妈妈让孩子怎么做，孩子就会怎么改变！”

将孩子比喻成白纸的人相信孩子是可以被大人设计的。教育者对自己的能力越自信，就越容易逼迫孩子。他们甚至还会抱有一种危险的想法——妈妈不能引导孩子只是因为妈妈不懂，所有的孩子都一样。他们对所有的孩子实行同一种教育，并且希望在每个孩子身上得到相同的结果。但遗憾的是，孩子们不是白纸。

就拿教孩子学美术为例。认为孩子是白纸的教师总是试图用相同的方法指导所有孩子。假如十个孩子里有九个按照老师的指导方法进步，只有一个没跟上，那这个老师的第一反应不是怀疑自己的指导方法有问题，而是开始在孩子或孩子的母亲身上找原因。一旦相信孩子是白纸，就会忘了正如孩子们的长相各有不同，适合孩子们的学习方式也是多种多样的。然而，孩子们是性格各异的，教师有义务尊重这种多样性。

所谓的“孩子像白纸”是所有身处教育第一线的人都经常听到的话。然而，所有人都天生就带着自己的底色，我们称之为性格倾向。有些孩子不用妈妈教就会奋力争第一，有些孩子不用妈妈教就喜欢攻击性的游戏，有些孩子不用人教就有很强的共情能力，有些孩子即使有人教也很不擅长处理人际关系。

所以，如果妈妈在开始育儿的时候将孩子看作白纸，就会把孩子身上发生的任何事和孩子闯的所有祸都归咎于自己，从而产生自责情绪，甚至产生不管什么事，只要让孩子做，孩子就能做好的错觉。最终，这样的妈妈就可能强迫孩子做些不适合他的事。

如果无法将孩子像白纸的想法从脑海中擦去，那么我劝你这样想——让孩了凭借自己的力量画自己想画的画，而不是我们替他画或让他画。请留心观察孩子是怎么独立创造的。这就是我们的职责。

妈妈秘诀

所有人都天生就带着自己的底色。但是，如果妈妈看不出孩子的底色，把孩子往完全不同的方向引导，妈妈和孩子就都将陷入困境。特别是妈妈，此时还会变得自责。因此，请留心观察孩子的底色吧。

帮儿子找到自己真正的梦想

环顾四周，有很多孩子在疲于寻找梦想。孩子的发展方向不应是妈妈为其决定的。

“老师，我儿子喜欢这个，爱画这种画，我应该怎么替他把握发展的方向呢？”

经常有人问我这个问题。这会不会是所有养育孩子的妈妈的最大烦恼和任务呢？但是，把握孩子的发展方向不是妈妈的任务。如果妈妈觉得这是自己的任务，那么孩子也会这样认为，然后在寻找梦想的途中总想依赖大人。即使我们心里认为有些事是自己的任务，也绝对不能在孩子面前表现出来，帮孩子追求梦想就是其中之一。

孩子们也在为了寻找梦想和发展方向而努力。即使上了中学，即使即将大学毕业，也常有一些问题让孩子们觉得难以回答，其中之一是：你想做什么？

环顾四周，有很多孩子在疲于寻找梦想。对我们的孩子来说，梦想必须要有吗？是不是没有也可以？即便自己没能找到梦想，但我们的儿子当然是有的——家长们是不是在这样想？为什么非要如此费力地寻找想做的事呢？

父母们借着各种理由代替孩子设定梦想，或许仅仅是有这种想法就已经是越权。已经成为过去的成年人为活在未来的孩子们设定梦想，或许这种行为本身就有问题。我们眼中有前途的职业，等到孩子长大成人时也许已经不再金光闪闪了。律师、医生、金融分析师……谁也不知道20年后的未来职业将如何变化。

"你打算怎么培养孩子？"我不想从人生观或哲学的角度，而想从职业方面谨慎地指摘一下这个问题。站在旁观者的角度来看，成年人为了给孩子设定梦想而付出的努力，就好像营业员听到有人说起"最近手脚冰凉，有点儿冷"，就马上回答"那我给您推荐一下这次新出的皮草"一样。比如，当孩子说起纯粹的学习乐趣时（"妈妈，我觉得科学很有意思"），妈妈就马上回答说："我儿子以后想做科学家吗？"妈妈是在用为孩子设定发展方向来给孩子反馈。

我们需要维护孩子对科学充满兴趣的好奇心。但在应该全力培养孩子的热情和好奇心的时期，大人们却让孩子过早地为步入社会做准备，这就像硬要去剥开还没成熟的栗子一样。从纯粹的好奇心发展到将其作为未来发展方向的地步，这中间需要思考与学习。如果过早地点燃孩子的热情，热情将不再饱满。如果因为孩子说喜欢美术就让他立刻开始了解应试美术课程，那孩子马上就会开始讨厌美术。

为了让孩子把做某事当作终身职业而给他纯粹地喜欢此事的时间，这是一种祝福。无论是多么有前途的工作，只要它不能勾起孩子的好奇心，不能让孩子流露出纯粹的热情，那从事这项工作的孩子的人生就将变得不幸。

可是，我们的表现是怎样的呢？孩子说喜欢数学，我们就想象孩子成为数学家的样子；孩子说喜欢小汽车，我们的脑海里就浮现出孩子成为汽车修理工的样子。如果孩子对昆虫很感兴趣，我们首先想到的是这对他以后的成绩有没有帮助，如果没有与职业或成绩相关的现实性益处，就将其划分为没用的东西。

看孩子的时候请不要带着过多的想法。如果孩子喜欢小汽车，那他就是个喜欢小汽车的孩子。“喜欢小汽车的儿子的发展方向是怎样的？”这种想法会夺走孩子的成长空间。

家长要想早些找到孩子的发展方向，最该做的事就是观察孩子的真实面貌——不是掺杂了我们的期待而扭曲的面貌，而是孩子最纯净的真实面貌。为此，我们应该抽离我们的期待。

“希望你朝着这样的方向成长。”

“希望你从事这样的职业。”

请放下成年人的这种必定会使孩子感到有压力的心理，用下面的标准去观察孩子的本来面貌。

第一，摆脱对职业或前途的考虑，单纯地关心孩子会被世上的何种东西吸引，对什么感兴趣。

第二，要给孩子纯粹地喜欢某样事物的时间。不管是昆虫还是恐龙，当孩子产生了与职业没有直接关系的爱好时，妈妈应该相信孩子会做好准备学习与该事物相关的知识，并给孩子时间。在良好的教育中，大人忍耐等待的时候应该比大人出面解决问题的时候更多。在看似无用的地方花费时间，这是大人难以忍耐的事情之一。但是，儿子会在看起来似乎没用的恐龙游戏或战争游戏中得到成长。

有一个孩子，每次画画的时候都会在纸张的角落画非常小的图案。妈妈说孩子胆小，自尊心不强，所以才会这样。但从孩子画画的姿态来推测，他好像不是因为胆小才画得小。我给孩子一张大纸，又给了他一些时间。他又开始画很小的图案，直到把一张大纸画得满满当当的。之后我才知道，原来孩子是觉得大人给他的A4纸太小了，放不下他的故事，所以才想画得小一点儿。妈妈乍一看，认为他可能只是个小心翼翼在纸张的角落画火柴人的孩子，但孩子其实是在埋头表达自己脑海中的故事。

面对这样的小朋友，教育者无须教给他什么东西，只要站在一旁发出“哇哦，那后来怎么样了”的感叹，就能充分地激发孩子本身的才能了。儿子的成长正是如此，有可能呈现出不同于妈妈所希冀的其他状态。

第三，促进兴趣发展很重要。如果孩子找到了可以倾注纯粹热情的领域，并在该领域中产生了自信心，教育者就应该逐渐向他介绍与之相关的新领域，使孩子的爱好扩展开来。

如果儿子喜欢小汽车，就请仔细观察令他投入的是哪个部分。即使都是喜欢小汽车的男孩，他们也有各自不同的着迷理由。如果孩子痴迷于小汽车的载人功能，那接下来家长就可以向他介绍公共汽车和火车。如果孩子痴迷于小汽车的速度，那接下来家长就可以建议他了解一下喷气式飞机。

现在，我们的孩子需要的是不带目的性的纯粹的兴趣。请抛开营业员般总想再多介绍一些的习惯吧。用那种方式，即便能教给孩子实战技巧，也难以实现深入的教育，即便能勉强孩子去行动，也难以培养孩子的内在力量。

妈妈秘诀

如果想早点儿找到孩子的发展方向，就请让孩子不必看大人们的眼色，让他自己发掘自己纯粹喜欢的东西吧。

对孩子寄予期望好不好

为了像妈妈期待的那样生活，孩子可能会否定自己本来的样子。

在咨询过程中，我发现有很多男孩的妈妈在努力做到无条件地乐观地看待孩子。这样的努力当然是有必要的。但是，在某些情况下，这种盲目的乐观却会带来副作用。因为妈妈的乐观可能会变成孩子的负担。

“哎哟，我儿子很擅长这个的，对吧？”

我们来看看美术课外班里的孩子们。孩子的真实水平就像素颜一样直观。但是，有些妈妈仅凭“孩子已经托付给了专家”，就期待孩子能画出像毕加索的作品一样的大师级画作来。这种事是不可能发生的。所谓好的教育机构，是将孩子的真实面貌挖掘出来，并对其进行内在训练的地方，而不是像施魔法一样替孩子创作作品的地方。

所以，第一次看到孩子真实作品的妈妈们无法掩饰自己的失望。盲目夸奖虽不可行，但失望的眼神对孩子同样没有好处。我还亲眼见过，有的妈妈因为孩子画了刀和盾牌等武器而板着脸，这给孩子施加了无言的压力。

钟硕很喜欢做手工，尤其喜欢制作以想象中的龙为主题的手工作品。但是有一天，他突然说自己最喜欢画画，哼哼唧唧地抓起了他根本就不会用的画笔。刚开始的时候，这种勇于挑战自己原本不喜欢的领域的表现看起来很好。但不久他就开始注意力不集中，拉着小朋友们聊天，搅乱课堂氛围。情况似乎不太对劲，我轻声问道："钟硕呀，妈妈是喜欢你画画呢，还是喜欢你做手工呢？"

钟硕正在画画的手顿了顿，他回答说："画画。"然后又不停地画。每次看到这种情景我都深感遗憾。本该按照自己本性自由发展的孩子为了迎合大人的期待而否定自己的兴趣，意欲改变自己的爱好。

妈妈对孩子的期望产生了副作用，让孩子否定了自己的兴趣。孩子为了按照妈妈期待的样子生活而否定自身的现实情况，这是不健康的状态。例如，如果妈妈期待地喊道："我儿子英语很棒！"孩子在英语学习中遇到不会的部分时就没办法轻松地承认并提出问题。最终结果是孩子否定英语不好的自己，甚至变得易躁易怒。我们将这种表现称为"自尊感低落"。

失去敢于挑战新事物的精神是妈妈的过度积极的评价给孩子造成的负面影响之一。

通过努力被划入天才范畴的孩子们，在和妈妈一起开心过后，所做的不是去挑战新的高度，而是过于在意别人对自己的评价，这种情况比比皆是。被认为是天才的孩子因为害怕别人看到自己的失败，于是选择不去挑战存在失败可能性的事。他们甚至可能害怕别人看到自己的努力，因为如果努力了却还是失败了，那就不像个天才了。

曾经有位妈妈提出了这样的问题："我儿子很奇怪，拼图拼好了，他却在生气。画画的时候稍微出一点儿错他就会哭，或者把纸撕掉。这是为什么呢？"

与孩子做过面对面的咨询后，我发现他有一种近乎强迫式的想法，认为自己必须什么事都能做好。

当然，这些不全是妈妈造成的。也有些孩子是天生就有强迫倾向的完美主义者。这些孩子需要的是妈妈给予的从容的心理暗示——不能完美解决所有事情也没关系。

妈妈秘诀

男孩在很大程度上会被他人的期待，尤其是妈妈和老师的期待所左右。所以，他们的情绪会变得不稳定，他们有时会觉得心痛，甚至还会无声无息地垮掉。

儿子得了抽动障碍，妈妈该怎么做

抽动障碍不能仅通过孩子自身的努力治愈。如果孩子从大人的眼光中察觉了自己的病症，那这本身反而会成为孩子的心病，从而导致孩子病情的恶化。

环顾四周，可以看到很多周期性摆头或用力眨眼的男孩。这些都是抽动障碍的症状。在男孩中，抽动障碍患者特别多，大概是女孩的 4 倍。以韩国为例，当有 2 500 名小学女生患有抽动障碍时，就约有 1 万名小学男生被诊断为抽动障碍并接受治疗。所以男孩的妈妈们应该具备一些有关抽动障碍的基础知识。

抽动障碍具有患者越想治疗，病症就越严重的特点。抽动障碍产生于孩子身处不安定的环境或情绪不稳定之时，有报告显示，患有这种病的孩子主要在开学之初发病。在抽动障碍的症状出现之后，如果孩子的情绪变得稳定了，症状就又会马上消失。

有个叫正贤的孩子，他在课堂上常常会表现出抽动障碍的症状——眼睛总是一眨一眨的，头往一侧扭。他的妈妈很担心。上轻松的课时，这些症状并不会出现，但当课堂内容对正贤来说多少有些难度或是正贤看电视时，症状就会出现。正贤的妈妈找了我很多次。

正贤的妈妈听说了很多关于药物治疗的副作用的传闻，所以首先选择了心理治疗。抽动障碍这种东西，如果初期没能得到矫正，之后就可能会发展成一种叫"妥瑞氏症"的病，转成慢性疾病。因此，我们决定尽我们最大的努力来帮助他。

抽动障碍不是孩子能自己发觉并通过努力克服的疾病。如果孩子自己知道自己的症状，并试图纠正自己的行为，那他的压力会越来越大。如果这种状况本身成为一种心病，就会使孩子抽动障碍的症状加剧。我的意思是，如果妈妈出于帮孩子矫正抽动障碍行为的心理，每次看到孩子出现相关症状就训斥孩子，那情况将变得更严重。

因为当孩子想控制自己的行为时，肌肉会渐渐紧张，这会给他造成更大的压力。因此，想通过孩子自己克服疾病的几次尝试就使情况有所好转，是不可能的。

抽动障碍也是一种心理疾病。因此，妈妈首先应该做的是帮助孩子恢复自尊感。为此，妈妈要让孩子忘了"自己为正在做的动作感到羞愧”的想法。因为这种想法对恢复自尊感无益。所以，我们需要给孩子一种宽松的氛围，一个人们即使看到了孩子有抽动障碍的症状也像完全没看到一样的环境。有时，当我们带着孩子出门时，周围的人会指出孩子身上抽动障碍的症状。所以，减少孩子与陌生人接触的次数也是一个办法。归根结底，孩子所受到的压力大部分来自他人的目光和评价。

另外，妈妈在帮孩子制订学习计划时，应该以孩子擅长且喜欢的课程为主。并且，尽可能陪在孩子身边，关心他，让孩子获得心理上的安全感，这也很重要。正贤在感受妈妈关爱的同时，也在接受美术心理治疗，大概两个月之后的某天，正贤的妈妈告诉我，孩子的症状已经消失了。

有一次，我和一位精神科教授就患有精神疾病的人们的特点做了一些讨论。他说，虽然很多人是由于压力而经受精神疾病的折磨的，但并不是承受了压力的人都会患上同一种精神疾病。并且，经过多年的研究，他得出了一个结论——患精神疾病的人与未患精神疾病的人之间的决定性差异就在于自尊感的不同。

为了治愈患有包括抽动障碍在内的心理疾病的孩子们，我们应该尽心竭力地帮助他们恢复自尊感。孩子现在没有抽动障碍，不代表它永远都不会找上门来。没有抽动障碍，不代表我们的儿子就完全没有情绪上的问题。

我以前看过一档电视节目，节目中出现的孩子曾经患有非常严重的口吃。他说自己原本并不口吃，自从有过一次在地铁里与妈妈走散的可怕经历之后，就开始口吃了。妈妈曾多次举着鞭子哭着帮助他练习朗读，但他的口吃症状却没有好转。

在节目中，妈妈暂时离开，只留下了孩子和摄像机。在这样的环境里，神奇的事情发生了。孩子之前那么努力想控制住口吃却没能流利地说出来的话，在只有他自己的轻松的环境里居然都说出来了，而且他口吃的症状减轻了很多。

孩子们身上的一些问题，与其说是疾病本身的问题，不如说是心理上的问题，是应该做好某事的负担和压迫感使孩子生了病。在现在这个时代，妈妈与其总想为孩子做些什么，不如给孩子更轻松的环境。

妈妈秘诀

为了治愈患上心理疾病的孩子，大人们应该帮助孩子恢复自尊感。

大人的评价对孩子有巨大影响

我们如何评价和看待孩子，是否做到了对他和其他孩子一视同仁，会给孩子造成巨大的影响。

正仁是个非常喜欢昆虫的 8 岁男孩。成长男孩美术研究所会为第一次来所里的孩子建立性格倾向分析档案，这份档案以我们实际接待过的数千名男孩的数据为基础。根据正仁的档案来看，他在昆虫方面有着卓越的探究力。但是，当老师让他画别的东西时，他却拒绝道："我画不好那个，我不画。"

上第一节课的那天，我们发现，正仁的注意力集中度在他喜欢的和不喜欢的课上存在明显的差异。

在这种情况下，新手妈妈开始担心了。正仁的妈妈把各种各样她认为重要的东西都灌输给了正仁。她又训又哄，还答应给正仁物质奖励，就为了哄他先试一试，但每次都以失败告终。

这种情况其实有个解决办法，而且办法简单得令人意外。与其勉强孩子学别的东西，不如先从他喜欢的昆虫开始，然后再帮助他将兴趣慢慢扩展到别的方面。但是，这是在一定的情境下才能实施的教育方法，很难在必须同时面对多个孩子进行教育的学校里实施。

“正仁妈妈，您家孩子好像有注意缺陷多动障碍，请您带孩子到专业机构去诊断一下吧。”

问题始于学校老师的判断。老师对正仁的妈妈说怀疑孩子得了注意缺陷多动障碍，并给她推荐了医院。偏偏去了医院之后，医生在做出注意缺陷多动障碍的诊断的同时，还给开了处方。孩子被贴上了注意缺陷多动障碍的标签，正仁的妈妈抓着我哭得不能自已。

“老师，孩子真的不正常吗？我家正仁的问题大吗？”

我什么话都说不出来。然而，出乎意料的是，这个问题通过转学得到了解决。被诊断为注意缺陷多动障碍患儿之后，正仁渐渐沉郁起来。一番思索过后，我们决定安排他转学。在新学校里，班主任把正仁当作什么问题都没有的正常孩子。

“正仁妈妈，小男孩都那样，我以前也是的。”

有趣的是，治愈被确诊为注意缺陷多动障碍患儿的正仁的既不是什么很特别的疗法，也不是什么药物，老师看待孩子的观点变了，正仁的问题就被解决了。

当然，不是所有患有注意缺陷多动障碍的孩子的情况都能经由这样的做法得到好转。但是，这里分明有些东西是大人们应该谨记在心的——大人们如何评价和看待孩子，是否对他和其他孩子一视同仁，会给孩子造成巨大的影响。它的影响力是无法想象的。

爱迪生上小学的时候觉得学校没意思，他的妈妈就鼓励他根据自己的爱好进行各种实验。希望大家能记住，正是爱迪生妈妈的智慧使爱迪生没有被看作不正常儿童，而是成长为受到全世界尊敬的发明家。

孩子们是敏感的。孩子们的标准都为迎合自己的父母和老师而改变。因此，孩子们能非常敏感地捕捉到我们看待他们的目光，并在一个个瞬间判断自己和大人之间的心灵距离又拉近了或是疏远了多少。他们甚至能从中发觉自己什么事情做得好或不好。因此，孩子们会在行动时察言观色，下意识地做出能得到大人称赞的行为，还会像大人一样做事。所以，如果把每天晚上尿床的孩子看作独立的人，给他买与大人们穿的款式相近的睡衣，孩子尿床的问题或许就能得到解决。

妈妈秘诀

不是所有患有注意缺陷多动障碍的孩子都能像正仁一样好转。但是，能改善孩子症状的或许并不是特别的疗法和高明的医学手段，而是大人的正确引导，妈妈们都应该记住这一点。

来自邻居妈妈的信息使人忐忑不安

邻居妈妈自诩为育儿方面的前辈，经常给新手妈妈提供信息，这会让人忐忑不安。

身处育儿第一线的妈妈们无法不患得患失，她们很难坚持心中的立场。这其中有诸多原因，来自身边的过度关心也在其中。使妈妈们忐忑不安的头一个原因就是邻居妈妈。

我们称之为邻居妈妈的这些人往往充满爱心。她们努力将自己从自身经历过的“战争”中获取的教训不计代价地传授给他人。她们作为过来人，无条件地向新手妈妈们释放善意。这些人确实是好人。

问题在于，邻居妈妈的儿子和你的儿子是完全不同的存在。如果三个儿子都已经长大成人的妈妈又生了老来子，那老四也不会与他的三个哥哥相同。所以，谁都不能保证对邻居家孩子有效的方法也适用于你的儿子。但是，邻居妈妈总是轻易地指点别人。这既是出于误以为别人和自己一样的错觉，也是出于认为别人家的孩子能被一眼看透的轻率。

虽然邻居妈妈的劝告是出于善意，但我们还是要多加注意，因为我们本身已经忐忑不安了。育儿不能像看菜谱做菜或垒砖砌墙一样干脆利落。我们要做的不是面对一堆没有生命的材料，而是养育活生生的人。生命力旺盛的儿子总会用自己的方式超出妈妈的想象。妈妈会感到无法预测的不安，所以很多时候会因为他人的劝告而摇摆不定。

“旼俊妈妈，这都是因为你没教旼俊做这个。你相信我，试一试。”当然，妈妈们不会因为这样一句话就动摇。“嗯，姐姐，谢谢你的建议。但是我家旼俊好像比同龄小朋友稍微迟钝一点儿。我会看着办的。真的很谢谢你。”她们拥有当面婉转拒绝，转身就置之不理的勇气。

但是，问题是从这之后开始的。当孩子回到家脱鞋、脱衣服时，你会突然发现孩子脱衣服的动作变得怪模怪样的，好像只顾着玩一样。其实孩子做的不过是他平常一直在做的动作而已，妈妈心里却隐隐浮起担忧——是不是自己没按照邻居妈妈说的做所以才这样呢？一面从内心里拒绝邻居妈妈的话，一面却又暗自嘀咕“真是那样吗”，开始经常评价和比较孩子。就这样过了三个月之后，孩子已经在上邻居妈妈说的那个课外班了。我们的初心就在这样的过程中渐渐改变。

妈妈的信念会随着孩子年龄的增长而变化。一位男孩的妈妈，她的信念曾经要多坚定有多坚定。“老师，我不希望孩子的潜力被韩国式的教育埋没。所以我不会按照学校说的标准做，我要让我儿子自由发展。”

但是时隔不过两年，这位妈妈看起来就已经动摇了。

“老师，听说孩子上小学之后如果不会画画，学校生活会很难过，您能不能单独给孩子指导一下画画？”

我能理解。她一定是从周围人那里听到了让她难以拒绝的建议。然而，再过三年，等孩子一上小学，她马上就会明白原来孩子不会画画也出不了什么大事。两年前的坚定拒绝和如今随大流的选择都不是她的错。每一个养育男孩的妈妈都携带着不安的因子。

妈妈们需要一些智慧，当心中涌起欲望，想把自己的经历讲给认识的邻居妹妹听时，请再忍耐一下。因为现在的邻居妹妹已经够不安了，即便你传递给她的信息是错误的，她也难以辨别。

现在，妈妈们需要的不是更多的信息。相反，她们已经在过多的信息里茫然失措了。对于邻居妈妈的故事，妈妈们应该有选择地听，对于学校聚会时别的妈妈说的话，也只要随便听听就行了。妈妈们需要坚定的意志——要像第一次看孩子的眼睛时所想的那样，有自己的信念，确立自己的育儿哲学。

妈妈秘诀

世界上关于育儿的经验和知识实在太多了。新手妈妈不应被这些信息裹挟。要想智慧地育儿，就要学会堵上耳朵。

遇到资深教师就会变得自责

资深教师的经验无比重要。但是，轻率的评判将对孩子的人生造成巨大的影响。

“这位妈妈，从孩子画的画来看，这个火山可以看成是孩子愤怒的象征。孩子不画自己的脸，只画了背影，对吧？这可以看出孩子在否定自己的存在。”

我看到过很多人在文化中心、美术课外培训机构等场所打着美术心理治疗师或专家的名头对孩子做各种评判。但是，人的存在，是轻易可以被评判的吗？有些孩子只是觉得画脸很难所以才只画背影而已，有些孩子不过是看了别的小朋友的画照着画而已，还可能喜欢用一些特定的颜色。但是，我们总是试图像通过公式解出答案一样，从孩子的特定举动中寻找答案。

“老师，我家孩子在接受美术心理治疗，每次去的时候那里的老师都会指责我。总是被指责，我也觉得很疲惫。”

在培养教师的过程中，我发现了一个只有资深教师才会犯的致命错误，那就是轻率地给孩子下结论。新老师可能对很多事情都有些不熟练，但他们会对孩子进行长时间的观察并做记录，慎重地下结论。而资深教师却总是凭借自己的经验迅速对孩子做出判断。考虑到老师的一句话将对妈妈的精神状况和家庭氛围产生巨大的影响，我们应该对仅凭几条信息就轻易对孩子做出评断的行为提出质疑。

事实上，这也是我的经验之谈。通过对男孩们的长期不间断的接触和观察，并对他们的性格倾向进行分析，我与孩子们见面的次数越多，做出判断的速度就越快。具有相似性格倾向的孩子会给我同一种感觉，当我根据这种感觉展开与他们的谈话时，十个孩子中有九个和我的判断是一致的。有时候，我也会因为这一点而感到自豪。老师也是人，也会有虚荣心。但是，重要的不是我对九个孩子都做了正确的判断，而是我应该针对自己判断失误的那一个孩子进行思考。

如果我以教育专家的身份，说出“和同龄的孩子相比，您的孩子的注意力特别不集中”的话来，孩子的家里将很可能刮起风暴。这还可能使孩子遭遇苦楚。

资深教师这个称号可能会毁掉一个孩子的一生，所以我想对那些没见过孩子几次就贸然做出判断的老师提出最尖锐的批判。尤其是那些做美术心理咨询的时候，仅凭随意看一张画就断言孩子心里有很多愤怒、孩子的心理健康状况很糟糕的人，他们的行为令我感到深深的遗憾。

事实上，妈妈们的焦躁对这种情况的产生也有一定的影响。比如，当我结束课程开始接受提问的时候，妈妈们就好像进了占卜屋似的，带着问题一拥而上。

“孩子现在 7 岁，很讨厌画画，这是为什么呢？现在他主要读些科普读物，比较喜欢做实验，怎么规划他的发展方向会比较好呢？”

对这种问题，我肯定没法回答，因为我也不知道。孩子同一种表现行为的背后，其原因可能有数十数百种。当然，以普通孩子进行举例说明我还是能做到的。但是，“一般来说正常的孩子们……”一旦我向妈妈们传递了这种观念，那对听者而言，这个范围之外的孩子就肯定是不正常的。

时代在快速发展，互联网技术已经普及，想快速得到答案的心理已经渗透到了我们的生活中。我们已经习惯了敲一敲键盘就能快速得到信息，于是缓慢长期的育儿过程就显得更加使人焦躁。

但是，如果站在人生这个庞大的概念前重新审视孩子，我们就会发现，有些问题的答案需要我们穷尽一生去寻找。对孩子进行判断就更是如此。请不要轻易得出结论，也请抛开想要迅速找到答案的贪心。代替孩子判断他们的梦想和前路，这是对“教师”这个称谓的严重误解。

妈妈秘诀

孩子不能被当成妈妈的作业。他们不是应该被解决的问题，而是要经过一生的求索去寻找自身前路的独立的人。

世上没有完美的父母

在育儿中，真正的问题始于过多反省和过度奉献。

“老师，可能因为我性格比较内向，所以孩子的性格也挺内向的。我好像没能正确引导孩子。我该怎么做才好呢？”

在咨询过程中，我发现许多男孩的妈妈会把孩子性格中被认为是缺点的部分归咎于自己。比如，孩子在教室里遇到陌生的小朋友时不会主动靠近他们，表现得很忸怩。妈妈在后面看到了就会不停地自责：“啊，我平时就不太会交际……”有些特别爱跑来跑去的小男孩们，无论妈妈怎么给他们做好吃的，他们还是瘦骨伶仃的。很多婆婆会因为这个责难儿媳妇，然而这也不是妈妈的错。

性格内向的孩子的妈妈可能会误会孩子是由于自己的原因才变

得内向的。但是，仔细观察可以发现，孩子本身性格就很内向的情况比受妈妈影响变内向的情况更为普遍。爸爸妈妈很内向，但孩子却像小老虎一样充满活力，这样的孩子数不胜数。很多时候，即便不是妈妈的错，妈妈也会因为孩子内向的性格而内疚。其实，对孩子产生不良影响的不是妈妈内向的性格，而是妈妈歉疚的眼神。如果妈妈对本不该觉得抱歉的事产生了歉意，孩子就会察觉到并感到疲惫。当然，这也是人类的本能之一。

我们总是对儿子感到歉疚，为不能给他更好的生活而抱歉，为不能给他更多的陪伴而抱歉。

“妈妈，因为我们很穷，所以妈妈才必须出去工作吗？”

孩子无意中提出的问题使妈妈内心崩溃。不能给孩子陪伴的时候就想多给孩子买东西，不能给孩子买他想要的东西时，就只能断然拒绝然后暗自伤心。或许，在吼过孩子之后，看着静静安睡的孩子那天使般的脸庞，我们会反省，会仔细思考，对这孩子来说我们是不是合格的父母，有没有还没为他做到的事情。所以，我们总是想要竭尽全力。

但是，问题不在于我们有些事情没做到，而在于做得太多。父母越用物质来满足孩子，孩子就越会失去自力更生的能力。孩子什么都不缺，反而得不到发展。

近来，“缺乏”反倒成了孩子们缺乏的东西。在什么问题都为孩子解决的父母膝下长大的儿子会变得软弱。如果妈妈能满足孩子的一切要求，儿子便不能体验为了达成某个目标而努力拼搏的迫切。在父母为自己搭建的温室里长大的生活对某些人来说可能很值得羡慕，但也可能是一种不幸。

妈妈们，请不要再做总为孩子解决一切的超人了！

妈妈秘诀

儿子的“缺乏”不是妈妈的耻辱，而是儿子成长的动力。当妈妈不再自责，内心坚定、充满活力时，孩子就获得了世上最宝贵的能量。

相信孩子是我们的责任

所有应该引导孩子，为孩子提供人生助力的成年人都要在确认孩子在哪方面具有发展潜力之前，无条件相信孩子。

我相信所有的孩子都有发展潜力，尤其深信不疑的是，越是不听话不好管教的男孩，越拥有改变世界的能量。每当遇到精力旺盛的孩子时，我都会先说：“这位妈妈，这小子应该是个做大事的孩子！”然后冷静地再观察一遍孩子：他的发展潜力在哪里呢？拨动哪个部分才能让他的潜力源泉喷涌而出呢？我一直坚定地相信，因为大人们没能找到孩子发展潜力的开关，所以才看不到孩子的光芒。世界上并不存在没有发展潜力的孩子。因此，我看向孩子的目光中总是带着希望。但是，如果连父母都怀疑孩子，那就非常使人泄气了。

有一天，一个老师问了我一个很敏感的问题。“所长，不久之前有个自闭症儿童来上课。我上课的时候忽然在想，真的所有孩子都有发展潜力吗？会不会有些孩子身上就没有呢？对于很多孩子，我都不能确定他们有没有。有时候，明明预计孩子两个月后就会有所改变，而且我也很努力了，但孩子就是没有变化。每到这种时候，我就觉得很羞愧，很郁闷。真的所有孩子都有发展潜力吗？”

我忽然发现，对于这个问题，我不能果断地回答说“是的”。我没有倾听过所有孩子的想法，所以实际上，可能确实存在没有发展潜力的孩子。但是，这又有什么关系呢？教育者的本分就是不管孩子有没有发展潜力，都要相信孩子有。相信孩子是身为教育者的责任。

我们要向孩子传达的是“我们如此相信你”的温暖信息，而不是“你要快点儿改变”的焦躁心情，也不要给他们充满压力的目光。我们殷切期待孩子的改变，但即使孩子没有成功改变，我们也无须感到挫败，只要婉转地向孩子传递“我相信你”的想法就好。相信孩子是我们的责任，展现出怎样的发展潜力则完全是孩子的选择，我们是不能强迫他们的。

医生是治病的人，医生治病救人无关国籍，无关人种，也无关政治。我们是教育人的人，没必要担心自己教的孩子有没有发展潜力，自己的努力会不会是一场徒劳。因为即便真的是没有发展潜力的孩子，他也拥有得到温暖的教育、教导和期待的权利。

妈妈秘诀

即便孩子真的没有发展潜力，我们一辈子都相信他又如何？只要孩子幸福，我们就已经是尽职尽责的了。

育儿手册不是万能的

恋爱咨询和育儿咨询的共同特点是理论和实践不符。

“老师，我都按照您教的做了，可是还是不行。听了您的课之后孩子表现很好，可是效果只有三天，之后孩子就又变回原样了。怎么办才好呢？”

恋爱咨询和育儿咨询的共同特点是理论和实践不符。为什么唯独恋爱咨询和育儿咨询不能按照理论实现呢？这是因为我们要实践的对象是人，我们和他之间存在着长久累积起来的无言的规则。

有些妈妈学习了规则训导法，想应用到孩子身上。妈妈一本正经地说：“好，现在我们要来制定规则，然后一起遵守。”孩子却怔怔地看着妈妈：“妈妈为什么突然这样呢？”孩子会产生这种想法是因为他抗拒规则。在以前的生活中已经养成的各种习惯会产生惯性，阻碍新的规则的制定和实施。

所以，妈妈首先要打破此前累积的无言的规则，然后才能将新规则应用到日常生活中。然而，我们没有办法当迄今为止的那些岁月都不存在，所以应用新技巧要多费两三倍的力气。可能正是因为这样，人们才会说，帮别人支着儿教育孩子简单，自己养孩子却很难。我们往往还没有彻底理解就盲目地相信新的解决方案，所以才会只收获失望。

“育儿书要读，但也仅限于此。每个人说的都不完全一样！实际上一个都不好使。”

育儿，真的太难了。在我们的工作中，如果孩子不听课，老师想激励他本就已经很难了。妈妈自己却在听课之后被感动被激励了。妈妈在这种状态下试图激励孩子，孩子只会好奇妈妈在哪儿看了些什么而已。对老师来说也一样。尚不老练的老师在面对孩子时会用尽全力。

就像通过书本学习恋爱技巧一样，仅凭手册来育儿，终归是有局限的。到那时，你还能把哭哭啼啼的孩子抛在身后，上网去翻新手册吗？当你发现书上看到的技巧都不好使，觉得头疼，孩子又在哭哭啼啼的时候，请暂时把迄今为止所学的一切育儿知识都抛在脑后，注视着孩子的眼睛，努力去发现孩子隐藏在瞳孔后的真实情感。

如果没有试图与孩子产生共鸣的努力和爱的情感，那么任何育儿方法都站不住脚。换句话说，你做到了这一点，才算是迈出了成为孩子真正助力者的第一步。

请不要被号称具有普遍性的育儿法所迷惑。请记着，我们将要遇到的，以及现在正和各位一起生活的孩子是从未在育儿书中出现过的。地球上有70多亿人口，每个人都拥有不同的个性，怎么可能存在能囊括所有人特点的育儿手册呢？

与其单纯地背诵、收集和使用养育诀窍，不如仅将其当作辅助我们认识孩子的工具，将注意力集中在强化妈妈的能力上。应该让孩子看到妈妈遵守自己制定的规则的样子，应该改变看孩子的眼神，改变观点，改变语气。如果这些我们都做到了，就会自然而然地做出一些恰当的举动。育儿专家的建议不过是将我们的那些举动总结归纳，写成文字供大家参考而已。写到这里，我忽然想起某天一位老师给出的劝告："请不要寻找答案。教育本来就是这样踟蹰着前行的。"

真正重要的不是知识，而是妈妈为了孩子而努力、收集信息、不停歇地观察孩子的姿态。

妈妈秘诀

请不要忘记，如果没有试图与孩子产生共鸣的努力和爱的情感，那么任何育儿方法都站不住脚。要相信，妈妈能做到最好。

后记

给快被儿子逼疯的妈妈们

“你小时候，我为你做得很不够。我觉得很遗憾，很对不起你……”

昨天，我的妈妈又在跟我通话时哽咽。随着年龄的增长，我已为妈妈爱我这件事充满感激。可是，妈妈则不然。

比起一般家庭的生活，我和我的家人曾经过得非常艰难。我从出生起就不知道爸爸的存在，妈妈就是一家之主。

她既当爹又当妈，一人挑起两份重担。或许，身为女人的她根本没有负担一般家庭生活的力气。我们曾经一度没有自己的房子，我甚至会从廉价旅店出门去上学。之后，我离开妈妈的怀抱，在毫无血缘关系的姨妈家生活了 6 年，还住过洗手间塌掉、有老鼠出没的房子，也有因为断了燃气而吃生米对付一顿的经历。可是，我并不觉得生活辛苦。然而，守护着我的妈妈，她的心不知碎了多少回。

当我在成长男孩美术研究所接触妈妈们之前，我只能体察到“我妈妈养育我肯定非常辛苦，心也肯定很痛”而已。但是，通过全国演讲，通过与男孩的妈妈们交谈，我看到了妈妈们的辛酸。有很多妈妈，她们做得非常好，可以称得上优秀。

“请给孩子再多一点儿关心，请不要带着偏见看孩子，请少一点儿担心。”

我只要对她们说这种话就可以了。但是，有的妈妈总是对孩子心存歉意，总是自责。所以我想，原来我妈妈也是那样的啊，原来她哭的时候心情是那样沉重。即使在最差的环境中，即使累得骨头都要散架了，她也要竭尽所能。然而在她心里，到现在还对我有负罪感。从事这个职业之后，我终于能更理解妈妈的心情了。

即便我在成长的过程中经历了那些艰辛，也还是觉得妈妈是个好妈妈。从经济环境来看，那段日子确实很艰难，但我从不抱怨，并且我喜欢妈妈。这是因为我清楚地知道妈妈是爱我的，她在那样艰难的时候都没有抛弃我，还把我养大成人。虽然我无法明确知道她都经历了怎样的艰辛，但从妈妈那里得到满满的母爱的感觉，一直留在我的心底。这是温馨的感觉，这是妈妈的感觉。

妈妈也是人，所以她有时也会担忧——这苦难有没有尽头?

每次想到这里，我总是心存感激。因为作为母亲，她一直给我最好的爱，始终如一。当我生病时，如果没有妈妈的彻夜看护，我心中不会感受到这样多的爱。当我遭遇到困难时，正是有妈妈暂时放下所有的事情听我倾诉，我才能成为现在这样善于倾听的人。因为妈妈总是为我幼稚的话语拍手大笑，我一直以为自己很幽默，到现在也改不了。因为经历过贫困，所以我才能比别人更努力。有句话说乱世出英雄，妈妈看我，就像看乱世里的英雄一样。妈妈的这种目光比任何物质上的支持都重要，是她把我塑造成了一个可爱的人。

并且，现在的我不再需要去寻找并把握机会了，而是有诸多机会摆在我眼前，任凭我去选择。

因为不能给我更好的衣服和食物而产生的遗憾，只是妈妈自己认为的遗憾而已。不该生气的时候不生气、不过度期待、好吃的饭菜、肯定的话语和温暖的微笑，这些对儿子来说已经足够。

“孩子是不是因为遇到的是我才会变成这样？”

“院长，我好像在毁掉孩子。我太不了解他了。”

在咨询中，我忽然心生好奇，是不是在做了妈妈的瞬间，这种话就被自动设置进入妈妈的系统里了？这种自责简直是妈妈们的共性。但是，有这种烦恼的妈妈，她们在育儿方面做得比她们自己认为的要好得多。很厉害吧？我们所有人都是在困难的环境中好好长大的。

我见过很多令人惋惜的朋友，他们虽然成长在良好的环境中，但状态很颓唐。我们应该承认，在我们成长的过程中，父母能为我们做的事的范围其实并不宽广。无论孩子在多优秀的教育者的羽翼下成长，都要自己去经历暴风雨才能真正长大，这个简单的道理绝不可以被忽视。

生活越宽裕，孩子就越容易被安逸诱惑，不去迎接他应该经受的暴风雨。个人认为，阻止孩子经历本该经历的暴风雨，这将成为孩子的不幸。

磨炼和苦难，将在日后不期而至。让孩子在应当经历的时期经历风雨，这也是妈妈应该做的事情。当什么都想替儿子做好，却忽然被儿子逼得要发疯的瞬间到来时，请暂时放松些。

在书的最后，我要大胆地代表所有的儿子向妈妈们说：谢谢！请原谅不能一切都为儿子做的自己，请不要捆绑自己、伤害自己。您之存在，对儿子而言已经足够。

成长男孩美术研究所所长
崔畋俊